2022·第20辑

日语教育与日本学

Japanese Language Education and Japanese Studies

主　　编◎刘晓芳　徐　曙

副 主 编◎毛文伟　邹　波

执行主编◎高　洁

華東理工大學出版社

EAST CHINA UNIVERSITY OF SCIENCE AND TECHNOLOGY PRESS

·上海·

图书在版编目(CIP)数据

日语教育与日本学. 第20辑 / 刘晓芳，徐曙主编
. — 上海 ：华东理工大学出版社，2023.7
ISBN 978-7-5628-7064-7

Ⅰ. ①日… Ⅱ. ①刘… ②徐… Ⅲ. ①日语—语言教学—文集②日本—研究—文集 Ⅳ. ①H369-53
②K313.07-53

中国国家版本馆 CIP 数据核字(2023)第 091328 号

项目统筹 / 朴美玲
责任编辑 / 朴美玲
责任校对 / 金美玉
装帧设计 / 徐　蓉
出版发行 / 华东理工大学出版社有限公司
地址：上海市梅陇路 130 号，200237
电话：021-64250306
网址：www.ecustpress.cn
邮箱：zongbianban@ecustpress.cn
印　　刷 / 上海新华印刷有限公司
开　　本 / 787mm×1092mm　1/16
印　　张 / 9.75
字　　数 / 235 千字
版　　次 / 2023 年 7 月第 1 版
印　　次 / 2023 年 7 月第 1 次
定　　价 / 198.00 元

日语教育与日本学

2022·第20辑

中国日语教学研究会　上海分会　主办

卷 首 语

《日语教育与日本学》第20辑在送别壬寅，迎来癸卯之际，终于完成了最后的编辑工作，即将付梓出版。值此辞旧迎新之际，重新浏览本辑收录的12篇宏论，编者深感近年来国内日语学界在日新月异的学术话语演进过程中，也在不断探索新的研究课题、发现新的研究路径，运用新的研究理论，从而努力融入新时代人文社科研究领域的新潮流。

本辑仅设置了三个栏目，这其实是一个偶然。经过国内外知名专家学者严谨认真的审稿，最后返回编辑部的稿件，竟然不约而同地分别聚焦在了三个领域。在“二语习得研究”栏目中，有3篇论文主要关注中国日语学习者的日语习得行为，有2篇论文关注口译环节，编者认为这充分彰显了论文作者的日语专业教师的身份，即在教学中发现问题，进而通过研究从学理层面进行严谨的分析论证。人云教研相长，此之谓也。

此外，本辑设置了“中日对比及互鉴”栏目，将涉及音韵等语言本体研究、偏重社会研究的3篇论文囊括其中。虽然研究领域有所不同，但是论文作者发挥中日双语优势，进行比较研究的研究路径是一致的。这种研究姿态说明日语专业的师生不再囿于日语界的小圈子，而是充分发挥自己的外语优势，面向国内人文社科研究界发声。应该说“蕞尔小国”，亦可为借。

本辑“日本文学研究”栏目收录论文4篇，日语学科的守正创新也可从中窥见端倪。4篇论文多采用经典的文本解读研究方法，同时又导入女性、灾害、环境等关键词，从这些崭新的视角切入进行文本研究，令编者感受到传统的文学研究正在焕发出勃勃生机。

本辑仍由中国日语教学研究会上海分会承担组稿工作，感谢百忙中倾情赐稿的专家学者和辛勤审稿的专家编委的大力支持。在癸卯新春之际，祝愿日语界各位同仁在教学与科研的漫漫长路上，继续砥砺前行，走向新的辉煌！同时，期待学界同仁能一如既往地对《日语教育与日本学》鼎力相助、不吝赐教！

《日语教育与日本学》编委会

癸卯新春

目　录

·日本文学研究·

·二语习得研究·

·中日对比及互鉴·

·征稿启事·

神话叙事与伦理美学
——以大庭美奈子《图腾的海边》为中心

曲阜师范大学　侯冬梅

［摘　要］日本战后女作家大庭美奈子旅居美国阿拉斯加十多年，对美国社会内部存在的少数族裔问题有着深刻的体察。《图腾的海边》的背景设置在1970年日本大阪举办世界博览会前夕，美国政府令印第安部落特里吉特族在大阪世界博览会上参展本民族的图腾柱。在战后日美关系日趋密切以及大阪世界博览会“人类的进步与和谐”这一宏大、崇高的口号下，大庭美奈子以印第安少数族裔的文化符号图腾柱为切入点，通过三位拥有不同身份和文化背景的出场人物的神话叙事，映射出了美国少数族裔正面临着的多重生存困境，极具反讽意味。小说中出场人物立场迥异的神话叙事中透露出隐含在叙述者思维模式中的生态观念，通过考察小说神话叙事中的生态观点以及伦理表达，能够深刻感受到作家在作品中揭露当代少数族裔生存困境的可贵勇气，体察到作家在批判强势文化压迫、蚕食弱者文化之时所秉持的环境正义。

［关键词］大庭美奈子；《图腾的海边》；神话叙事；伦理美学

1. 引言

大庭美奈子于1959年至1970年期间旅居在美国的阿拉斯加锡特卡。阿拉斯加因为地理位置偏僻，对普通人而言可谓是“地球之末端”。然而，对身为作家的大庭美奈子而言，这里却是一个自然景观壮丽、充满神秘色彩的神话王国。大庭美奈子在阿拉斯加生活的十多年中，在聆听自然的声音、感受自然的变化的同时，还收集了许多印第安人的神话。“在北美西海岸，远古时代的冰河已经变成了深深的海湾。在这里能够看到背靠雾中针叶树林的绵长海滨，有部落在那里繁衍生息。在古时候，在天与海之间，在森林与湖之间，能够听到生活于其间的人类与动物们的叹息。”（大庭みな子，2009：152引用部分为笔者译，以下同）可以说，是阿拉斯加的自然环境、印第安人的民俗和神话滋养了大庭的文明观念，并给予了大庭深刻的生态启迪。

作品《图腾的海边》和日本在1970年召开的大阪世界博览会有着紧密的现实联系。当时美国为了在大阪世界博览会上向世界发出和平、和谐、共生、繁荣等体现高尚精神追求的信号，命令印第安村民在大阪世界博览会上展出本民族的图腾柱。以此为契机，当时居住在美国阿拉斯加的大庭美奈子有了一次特殊的印第安村实地采访之旅。以这次实地采访的见闻和思考以及出现在大阪世界博览会上的图腾柱的现实为主线，大庭创作了《图腾的海边》，并发表在了1973年文艺杂志《新潮》(『新潮』)11月号上。

《图腾的海边》讲述了在美国阿拉斯加地区定居的日本家庭在举家返回日本前夕，接到了来自印第安部落村长的电话。部落的负责人是村长而非部落首领，这意味着印第安部落已经被纳入美国的行政规划之内。因为该部落的村长听说这个家庭中的妻子是日本作家，所以想拜托她把本部落族与图腾相关的神话故事翻译成日语。他在拜访结束后还邀请这一家日本人到印第安部落进行实地考察，感受地道的印第安文化。与《图腾的海边》密切相关的作品还有一篇作家的访问手记——《印第安部落访问记》(『インディアン部落訪問記』)，其中记述了大庭美奈子实地考察印第安部落的情形。(大庭みな子，2011:420-423)《图腾的海边》取材于印第安部落，作品对印第安神话多重叙事隐晦地指涉了当下美国社会现实，凸显了作家对印第安神话文明的深刻理解以及对当下文明社会的疑虑。《图腾的海边》中突出反映和明确反抗的事物均承载着作家对当代文明社会中族裔发展生态问题的担忧，体现了作家的环境正义。

2. 印第安图腾与大庭文学

印第安图腾柱是美国大陆西北部海岸的印第安部落所特有的文化象征。针对图腾柱的外观，大庭美奈子在书中这样描述道："足有一百英尺的巨大木材上，雕刻有鹫、熊、乌鸦、蛙、鲸、鲑、海獭等动物的形象。这些动物图腾雕刻非常抽象，有的图腾看起来像人，在看似植物花纹中匠心独运，如果你一直盯着看似乎能看出这些图腾具有各种表情。"(大庭みな子，2009:105-106)大庭文学作品中的图腾柱是美国印第安部落的历史和传说，是凝缩着印第安文明的符号与标志。大庭认为，印第安图腾柱的历史源自印第安人的自我保护意识。

> 图腾可以威吓白人，是一种自我彰显。阿拉斯加印第安人雕刻这些奇奇怪怪的动物形状，雕刻本身成了氏族英雄们的传说，成了自然灵魂的故事。这样的灵魂也算得上是他们的守护神吧。他们的神话中并不出现不可思议的、拥有咒术的神体。英雄们得到动物们的帮助做着种种美梦。这些动物也绝不是神灵，只不过是一些随心所欲的、爱调皮捣蛋的自然灵魂罢了。印第安部落传说中认为，动物拥有和人类一样的心灵，是拥有权利和种种主张的鲜活的生命体。(大庭みな子，2009:106-107)

图腾柱上刻画着被印第安人推崇为氏族英雄的动物形象，同时也暗示了印第安人和动物之间的亲密关系，而“威吓白人”的意图则点明了印第安人面临的外敌入侵危机。印第安图腾的存在及其丰富意蕴一直深深吸引着大庭美奈子，而大庭文学对印第安图腾的关注也不是偶然为之。其成名作《三只蟹》(1968)中亦出现过主人公由梨晚上参观印第安民俗馆的描写。

> 尤其是眼睛，尽管抽象化了，明明是人的眼睛，而且是睁得大大的男人的眼睛；可是作为一个整体来看，却是个奇妙的、人鸦浑然一体的、生机勃勃的面具。对尚未开化的种族来说，自然界的山谷、草木和动物，同样拥有和人类共同的生活感情，他们几乎是凭着信仰来交流相互间的意志。(略)在微暗的展览厅里，由梨听到了人类的祈祷声、念咒声和嘟囔声。(高慧勤选编，1995:381)

民俗馆里展出的印第安图腾似乎依然具有生命气息，让主人公感到了一股惊心动魄的力量。但另一方面，图腾柱在民俗馆参展也正暗示着印第安文明面临的一种尴尬境地——意味着它已经成为历史抑或是它岌岌可危的命运。从该细节描写依稀可见阿拉斯加印第安人在美国文化的强大同化力量之下遇到的前所未有的存续困境。大庭美奈子在阿拉斯加地区为印第安文化魅力所折服的同时，也深深为它们的未来感到担忧。在作家看来，当今世界的发展正向着文明和伦理多元化的方向迈进，然而，印第安族裔文明却处在行将消失的困境之中。这一社会矛盾让大庭陷入到对文明多元发展的思考中。因此，大庭巧妙地借助《图腾的海边》中印第安神话的多重叙事，反映了印第安人的生存现状，表达了对当代社会中文明共生问题的思考，这充分体现了她作为一名作家的责任和良知。

> 当神话用一种感性、直观、抽象神秘的符号与图示来言说或建构原始先民对人与自然之间关系的片段的、零散的思想观念与逻辑法则，以表现对人与自然的原初秩序即神话秩序的整体理解，并不自觉地转化为人类的道德规范或行为范式，我们称之为神话生态伦理意象。这种神话生态伦理意象不仅要求人类将其道德关怀从社会延伸到非人的自然存在物或自然环境，而且呼吁人类把人与自然的关系确立为一种道德关系，它既是对人与自然原初秩序的混沌阐述，又为当今生态伦理学的形成与发展提供了最初的思想源头与文化根基。(康琼，2014:11)

因此，研究大庭文学中的图腾与神话成了理解大庭文学的一把钥匙，同时也能从中窥见作家的环境文明观所达到的高度。在《图腾的海边》中，日本人家庭居住在海的这一边，这里生活着大工业社会中形形色色的人类，是和当代文明社会紧密联系的现实世界。而海的另一边居住着印第安部落特里吉特族，这里被刻画成一个神秘的人类原初世界，被看作是当代人类的心灵故乡，同时也是人类社会中已经衰落的、即将消失的文明。而小说的主人公则生活在美国白人文化、印第安人文化、日本文化三种文化的交集点上。作家根据对印第安部落的实地调研，在《图腾的海边》中让代表着三种立场的印第安神话叙事依次出现：白人村长的神话叙事、印第安人书记的神话叙事和作为主人公的“我”的神话叙事。神话是一种哲学思想，是一种逻辑，同时也是价值尺度。在不同神话叙事的交互中，凸显了各个叙事者的生态思考和伦理诉求。“一个神话、一种哲学思想、一种科学理论，它们不仅有一定的内容，而且也为一定的逻辑组织所决定。这一组织表明了这些现象的逻辑前提和共同成分，否则这些想象将永不能具有一个统一的共同尺度。”(王先霈、王又平，2006：219)

3.神话叙事与伦理诉求

《图腾的海边》中的三种神话叙事在表面上似乎给读者造成了一种重复现象，然而，这些神话在神话素排列组合的微妙变动中，即便同一类型的神话也能凸显出不同的伦理立场，其反映的伦理价值取向亦有很大差异。聂珍钊认为：“文学从伦理的立场解释不同的生活现象，在人与自我、人与他人、人与社会以及人与自然的复杂伦理关系中，对处于特定历史环境中的不同的伦理选择进行解剖，分析伦理选择的不同动机及其过程，揭示不同选择的启示，发现可供相仿的榜样，为人类文明进步提供经验和教诲。”(聂珍钊，2014：13)蔡艳菊认为神话素在叙述结构中生成不同的关系与意义，或对立或调和。“它孤立起来无意义，结合起来则构成神话意义。它具有普遍性、共时性，须从神话情节中抽取并归纳出来。”(蔡艳菊，2017：2)研究作品中的神话叙事就是研究神话素组合中生成的关系，并阐释神话叙事中反映出来的伦理立场与价值取向。

3.1 胜者为王——白人村长的神话叙事

自印第安部落的村长——而非首领或酋长，乘坐出租的小型飞机到达日本人家里时，打开房门迎客的日本人一家都愣住了。“打开玄关的门一看，外面站着一位男士，身边还带有一个身穿鲜红披风的十五六岁的姑娘。两人都是白人。”(大庭みな子，2009：108)。来客不仅肤色相貌和衣着与印第安人毫不相干，甚至连他们的饮食习惯也和普通的美国人没有什么不同，这让日本人一家大吃一惊。在访问日本人家庭时，印第安部落的白人村长向主人公介绍了需要翻译的印第安神话，这次带来的神话只有三页纸的内容，并再三交代说即便搜集所有的神话其内容总共也不过十页左右，翻译工作非常简单。在交谈过程中，白人村长讲述了两则印第安神话。由于白人村长的神话叙事没有名字，此处暂用《神话一》《神话二》来表示。

《神话一》

在看不见的海底有个奇妙的世界，有个男子和海獭一起生活在那里。那些海獭把毛皮脱下露着肩膀诱惑这个男子，男子被拉下海以后就再也没有回来。这个故事既浪漫又朦胧。男子被拖进海底以后，就再也没有上来。(略)不知又过了多少年，他想浮到海面上来了。那一带就扑哧扑哧地冒着白色水泡。雾气之中，除白色水泡之外什么都看不见。(大庭みな子，2009:111)

《神话二》

不知何时，这次男子骑在了海鹫背上。不，不是骑在海鹫背上，而是他自己变成了海鹫。海鹫可不是水鸟啊，它扑打着强劲有力的翅膀，停落在水边最高的树枝上。(略)当它不自量力地去捕捉庞大猎物的时候，鱼背稍微沉得深一点就不行了。(略)后来，它就被拖进海底了。在印第安神话中，被大海拖进海底的海鹫故事多的是。大海中英雄的可悲结局啊！美丽的茶色羽毛上似带有一层白雪一般，它那了不起的翅膀在海浪间沉浮，生命气息全无。于是用海鹫的羽毛编织的衣裳被披在了印第安酋长的身上。(大庭みな子，2009:112)

白人村长叙述的两则印第安神话都没有名字，并且每个神话仅有寥寥数语，给人造成一种印第安神话结构简略、思想贫瘠、内涵匮乏的印象。日本人夫妻听到白人村长介绍说印第安神话“总共也不过十页左右”的时候，颇感惊讶。在日本人夫妻眼中，印第安神话经过“白人村长”文明双眼的透视已经严重缩水。从两则神话的结局看，第一则神话是印第安部落的男人最终变成了白色水泡，是失败的结局，而第二则神话是印第安部落尊敬的神的失败结局，沉入海底，羽毛被做成了酋长的衣裳。可以说，白人村长叙述的全都是印第安部落的英雄悲剧神话，印第安部落英雄的悲剧也是印第安部落悲剧命运的隐喻。白人村长的神话叙事非常清晰地勾勒出了他的立场和思维模式，即美国历史上白人不断征服印第安人，并最终统治了印第安人的一种胜利者姿态。

印第安神话是英雄悲剧神话还是人类和自然界浑然一体的生态神话，取决于叙述者的伦理立场。从两则神话叙事的过程与结局，可以看出白人村长的神话叙事突出了人类和动物之间的矛盾对立，其思维中的弱肉强食观念一览无余。而这点恰恰与代表美国社会的白人文明征服印第安部落的历史和同化策略不谋而合。从伦理身份上看，白人村长是印第安部落的代表，可他的内心根本没有融入印第安部落。白人村长作为印第安部落中的外来者，他的神话叙事忠实于其“村长”的政治身份，隐藏了印第安神话的丰富内涵，突出了印第安部落的悲剧色彩。

作为第三方的日本作家，大庭认为，在强者美国面前日本和印第安部落均处于弱势。而作家的弱者意识让她对印第安少数族裔的命运充满同情。小说主人公对印第安村落的实地考察情况似乎比作家预想得还要糟糕：目前，部落里没有了酋长，仅有几个部落长老，实际掌控部落的人是村长、校长、邮局局长和教会的牧师。村长是白人，负责村子里的经济问题；小学是另一对白人夫妻的，他们教给孩子们美国社会统一的价值观，教导他们要对着美国国旗发誓忠贞于美国政府；邮局局长负责把印第安部落和整个美国联系在一起；而教会牧师负责给村落的部落民传授神的信仰。

3.2 多元共生：印第安部落书记的神话叙事

出面迎接前来拜访的日本人一家的是印第安部落的书记（日语标记为：書記）。“书记是位三十多岁的大个子男人，他身上的印第安血统更多些，可能也掺入了四分之一白人的血统”。（大庭みな子，2009：131）印第安部落书记眼睛往上吊、肩膀往前耸，貌似图腾柱的原型。印第安部落的书记还很年轻，在造访印第安部落的主人公“我”看来，书记身上印第安血统比较浓厚。从作家对部落书记相貌、血统的刻画中能感受到作家的匠心独运之笔。作家的身份是日本人，属于东方文明的世界。在东方文明的世界里，没有什么比血统更具有强烈的、特殊的说服力的了。如此一来，作家对书记印第安血统的强调，似乎寄托了其对印第安部落文明的某种期待。书记在陪着日本人一家实地采访的过程中讲述了他眼中的印第安神话。印第安部落书记的神话叙事无论是在篇幅上还是在内涵上都远不是白人村长所能企及的。

《人熊恋的故事》

猎人发现了一处棕熊洞穴。但是，他却被公熊捉住后扔进了洞穴里。当时，猎人掉下去的时候一下趴在了洞穴中母熊的身上。母熊感觉十分美妙。母熊赶紧挖出一个坑来，把猎人藏在坑里，然后自己坐在坑上面。公熊进来问母熊：“哎，我刚才扔进来的那个男人呢？”母熊装作一无所知的样子回答道：“啊，我不知道啊。只看到你扔进来一双男人手套。”

母熊恋上了来自人类世界的男人。公熊后来跌进人类设计的陷阱中死掉了。母熊和人类男人生了好几头小熊。几年后的某一天，人类男人遇到了在人类世界时的伙伴，于是他想回村子里看看，并且挽回了和原配妻子之间的关系。傍晚，人类男人装作一副若无其事的样子带着食物返回洞穴。突然，几个熊孩子从洞穴里窜出来扑向他，熊孩子把他杀死了。熊孩子的母亲非常哀伤地站在那里看着，全身颤抖，摇摇晃晃地从洞穴里走了出来。“啊，啊，终于到了，终于到了该走的时候了。我到现在才明白当时他的心情。”然后，母熊主动跳进了人类设计的陷阱，死掉了。

棕熊是理解人类的语言的。不，不仅仅是棕熊，所有的动物都有灵性。动物理解人类的语言，人类的心和动物一样。所以，人类有时候会变成动物，而动物有时候也能变成人。（大庭みな子，2009：131-132）

《人类和太阳女儿的故事》

以前，我们的祖先里有个被太阳女儿掠走的男子。

一天，一个男子突然消失了。村子里的人很吃惊，无论怎么找都不见踪影，最后只好放弃了。可是，某一天天空中突然出现了美丽的彩虹。而那个消失的男子就坐在彩虹桥上。男子对村里人说：“我被她完全迷住了，她就是太阳的女儿。我已经回不去了。现在我们连孩子都有了。在彩虹没有消失之前，你们在桥墩处放上石头，帮我做个记号啊。”

村里人谁都找不到彩虹的桥墩在什么地方。但是，这里却会经常出现彩虹。一旦彩虹出现，村里人就能和那男子相会了。

（略）

我们在自然当中能发现祖先的心灵。有些人突然消失不见了，或者他们祈祷已经死了的伙伴的魂灵能在周边游移。在这样沉寂的海边，如此幽暗的森林里，假如我们不和偶然相遇的动物们成为伙伴，根本无法活下去。（大庭みな子，2009：132-133）

印第安部落书记讲述的神话具有名称，并且母题鲜明——母题为人类与异类的婚恋。“卡西尔认为，神话是人类符号形式的一种，它是思维的形式、直观的形式和生命的形式合而为一的产物，在神话传说的时代，世界呈现出混沌一体的特征，它超越了神与人的对立、意识与物质的对立，人与自然的对立，体现为神人混同、意识与物质合一、人与自然转换的主客体一体化与生命一体化”。（康琼，2014：9）即神话叙事隐含着叙事者的独特立场和伦理观念。印第安部落书记的神话叙事显然比白人村长的神话叙事内容更为丰满，出场人物和动物也较多，并且涉及两代人以及异类恋的文学母题。印第安神话相信人类与动物之间会产生诸如爱恨情仇等的感情。在两性问题上，动物和人类没有什么区别，同样存在着背叛，并且因爱情背叛感受到愤怒和悲伤时两者做出的反应也类似。母雄棕熊失去爱情以后都选择了死亡——故意跳进人类的陷阱。人熊恋虽然以悲剧收场，但是，从中全然看不出印第安部落对异类婚姻的不满与轻视。在《人类和太阳女儿的故事》中，尽管人类男性没有再回到部落，但在印第安人看来这一结局并不悲伤。其根本原因在于，印第安人认为消失不过是存在方式的转变——此处消失的东西可能会在别处出现，只不过是存在的方式有所不同而已。

可以说，印第安部落书记的神话叙事表达了印第安人对异类世界的包容态度。神话思维映射到现实之中则表现为印第安部落对白人文明的包容与接纳。印第安神话原本是狩猎民族的神话，印第安部落民没有财产，只有独木舟和家。日本人家庭在印第安部落考察时却发现，在白人文明的同化政策下，如今的印第安人已经不会划独木舟，也不会使用鱼叉打鱼。印第安人狩猎也不再是为了果腹，而是为了把猎物送进罐头加工厂。“正如您看到的那样，如今我们的生活和白人已经相差无几了。我们只是贫瘠地模仿他们的做法。实际上，即便想要尝试其他的生存方式也已经不可能了。（略）我们买和白人一样的生活必需品，穿同样的衣服，吃同样的食物。”（大庭みな子，2009：135）

传统印第安部落在美国的统治下，他们的语言、信仰甚至连血统都被逐步改变。作家大庭美奈子站在东亚文化的视角上，在写作中特意强调了村长的白人血统、印第安部落书记的部落民血统，其本质是从血统的角度看到了印第安部落的危机——印第安部落中除了白人村长一家人特殊外，部落里其他有头有脸的人物虽然是印第安人，但也多多少少掺杂了白人血统。如今的印第安村落的村民表情贫乏、动作缓慢、少言寡语。印第安部落中的老婆婆们以及长老们都异口同声地说：“一切都变啦！”这可以看作是印第安部落民的集体感叹。印第安部落的变化中反映的不是人类多样化文明的共存，而是白人文明对生态印第安文明的驱逐和侵蚀，是传统生态印第安文明正在消失的过程。

3.3 英雄再现："我"的神话叙事

《图腾的海边》中出现的日本人夫妇对印第安文明持有浓厚的兴趣，并认为印第安文明蕴含着人类起源的秘密，印第安神话中充满着人类的智慧。而在实际调查中看到的印第安部落的现状触动了主人公"我"的悲悯情怀。在调查结束后，"我"在印第安人传统仪式演奏的鼓声中做了两个梦，第一梦是《乌鸦偷日》，第二梦是《雷鸟》。这两个梦其实是"我"通过梦境叙述的两则印第安神话，这两个梦包含了外来客对印第安部落现状的认知与感想。

《乌鸦偷日》

特里吉特族神话中的乌鸦是部落族的普罗米修斯。那个时候，世界一片黑暗。贪婪而顽固的酋长把太阳、月亮和星星都藏进了箱子里。啊，我有太阳！啊，我有月亮！啊，我有所有的星星！酋长一个人独自领首高兴，满足极了。他把自己的独生女儿关在家里，等着有权有钱的求婚者的到来。

此时，一只乌鸦化作了一片铁杉叶，漂浮在酋长女儿常去喝水的泉水里。酋长女儿用手掬起一捧水要喝，那片叶子怎么扑打也不离开她的手指，酋长女儿最终把那片铁杉叶子一起喝了下去。

喝了带有铁杉叶子的水以后，酋长的女儿怀孕了。酋长非常生气，然而，他对生出来的外孙却极为喜爱。外孙要什么他就给什么。外孙哭闹着要装有星星的箱子。酋长想，外孙只是要玩玩的话也未尝不可，就把箱子打开了。外孙就像弹玻璃球游戏一样玩着这些星星，于是星星们一个个眨着眼睛从烟囱里飞向了天空。

外孙看到星星飞走了就厌倦了，便又哭闹了起来，怎么哄也哄不好。那架势简直像是要哭死过去了。无可奈何的酋长只好把月亮箱子打开。外孙的眼睛一下子就亮了，拿着月亮就像拿着手球一样玩。月亮手球散发着青光，跳跃成一个白球，从烟囱里一下子飞到天上去了。

外孙又哭喊起来了，在姥爷腿上又蹦又跳，搂着姥爷的脖子使劲摇晃，口中喊着："把最后一只箱子打开！"姥爷最终服输了。于是，耀眼炫目的太阳从最后一只箱子里飞了出来。

就在这时，小外孙忽然变成了乌鸦，抱着太阳瞬间从烟囱里飞向了天空。(大庭みな子，2009：136-137)

《雷鸟》

怪鸟雷鸟是万能的鸟，能够产生雷鸣和闪电。它从大海里抓起一条鲸鱼扔到饱受饥饿之苦的村落的海边上，就足够村里人过冬了。(大庭みな子，2009：137-138)

"我"梦境里叙述的两则神话中，乌鸦被誉为印第安部落神话中的普罗米修斯，雷鸟是印

第安神话中万能的神，两者都是印第安神话中的部落英雄。梦境是人类潜意识的反映，也是人类内心愿望的一种表达形式。“我”讲述的两则印第安救世英雄神话直白地表达了“我”的思考，即渴望印第安神话中的英雄再现。在“救世英雄”的梦境后，作家大庭美奈子又通过“我”的视角重现了承载了印第安部落传统文明的仪式表演的场面。由于日本人家庭的到访，印第安部落特别安排了欢迎会和印第安人传统仪式表演。传统仪式表演是印第安部落中表达伦理观念的最朴素、最直接的形式。其中，乌鸦舞和雷鸟舞是仪式上最先表演的舞蹈，其次是熊舞。在印第安人传统仪式表演中，印第安部落中认为最为尊贵、最厉害的英雄——乌鸦、雷鸟、熊等动物形象依次出场，并且，印第安人传统仪式表演中的英雄出场顺序与“我”梦境中的英雄出场顺序相一致。这种梦境与现实的交互闪现，是“我”英雄救世愿望下的神话叙事与印第安部落传统纪念仪式的伦理观念的前后呼应，更是部落民和“我”对部落神话英雄回归的共同的呼喊。

大庭美奈子在印第安部落的实地调查中发现，印第安人的艺术品本应该用天然颜料着色，如今却用买来的工业染料上色。这让作家感到“这里的艺术品中有被无责任的文明毒害的痕迹”。恐怕让作家怀疑的还不仅只是印第安人的艺术品，整个印第安部落不都处在“无责任的文明毒害”之中吗？

4. 呼唤环境正义的伦理美学

围绕着1970年大阪世界博览会，日本作家们从不同角度批判了“人类的进步与和谐”宏大口号下隐匿的悲惨社会现实。身在美国的大庭美奈子在思考印第安部落的现实困境并用文学之笔进行创作之时，大江健三郎在《冲绳札记》(1970)中也批判了日本本土政府对冲绳的歧视问题。无论是美国还是日本，对少数族裔及其文明的摧残和破坏都是如此触目惊心。大江借对明治三十六(1903)年的“人类馆事件”的讲述，揭露了冲绳人所遭受的本土歧视。这点与大庭在《图腾的海边》中刻画的印第安部落文明面临的困境不谋而合。“在劝业博览会上，学术人类馆内陈列着两位冲绳女性。她们把高丽烟袋和蒲葵叶团扇夹在腋下，坐在茅草屋里。执鞭男子一边称呼她们为‘这东西’，一边进行解说。”(大江健三郎，2010：142)1970年的冲绳依然没有改变被忽视和被歧视的命运。“一九七〇年的世界博览会上倒是没有开设新的人类馆。但是，世界博览会闭幕式完全无视冲绳的存在……日本人的冲绳意识与广岛、长崎体验让他们制造的人类进步和谐的失衡景象暴露无遗。”(大江健三郎，2010：142)生活在日本国内的作家大江健三郎从冲绳视角批判日本国内的冲绳人问题之时，在美国开启文学之路的大庭美奈子则关注到了在美国社会中被掩藏的印第安人的现实困境。在生态主义和伦理正义的责任与良知的推动下，大江健三郎和大庭美奈子分别从内外视角几乎同时揭示了繁荣、和谐、进步社会背后的贫困、倾轧和文明失落的悲哀。

在白人“文明”的“野蛮”同化政策之下，就连印第安部落的书记，甚至是部落里的长老们都无法完整地讲述印第安神话故事。印第安神话的面目变得模糊，内容变得零碎，与这种现状对应的则是整个印第安部落和印第安文明的凋落。作家大庭美奈子在作品中一直在反抗与声讨此现象，并认为这是美国在印第安部落推行了美国同化政策以后的可悲后果。《图腾的海边》的日本人主人公在结束了对印第安部落的实地调查后惊呼："神话故事中的印第安人在现实社会中哪里都找不到了，有的只是美国人！"（大庭みな子，2009：148）从日本人一家对白人村长的神话叙事持有的质疑，以及作家对印第安部落遭受同化命运的同情书写中，可以看到作家大庭美奈子对现实社会中弱势文明的同情，以及其利用文学为少数族裔的生存环境伸张环境正义的不懈努力。

"环境批评关注文本的现实关联和本土到全球文学想象的地方意识重构，更关注日益兴盛的环境正义。'环境正义'以抵制环境的种族主义、捍卫在经济上和政治上处于劣势的群体（弱势种族、妇女等）的环境权利为宗旨，努力实现全球所有国家和地区在环境责任和生态利益上的共同的、全面的和广泛的正义"。（朱振武，2015）劳伦斯·布依尔在《环境批评的未来：环境危机与文学想象》的"序言"中提到"生态批评"在某些人的心目中仍是一个卡通形象，"环境"胜过"生态"，因为它更能概括研究对象的混杂性。"环境批评"在一定程度上更准确地体现了文学与环境研究中的跨学科组合，从三个理由以期阐发"环境的"比"生态的"更能体现当前问题的真实、准确状态。（劳伦斯·布伊尔，2010：9）然而，"环境的""生态的"目前难以完全概括文明凋落过程中所面临的全部问题和困境。大庭美奈子的美国体验让她目睹美国社会中当代少数族裔的生存困境，促使她思考少数族裔以及社会发展的生态问题，并以此为主题创作了大量的作品。在《图腾的海边》发表前后，《鱼之泪》（1971，中央公论社）、《野草的梦》（1973，讲谈社）、《青狐》（1975，讲谈社）以及《大庭美奈子文学全集》（2011，日本经济新闻出版社）等著作中均收录了阿拉斯加少数族裔书写的相关作品。大庭美奈子在《图腾的海边》中对印第安神话的重构，融入了其独特的思考，文中所聚焦的印第安部落问题已经超越了"环境的""生态的"一般概念，充满了作家大庭美奈子对环境正义的强烈诉求，凸显了其所秉持的伦理美学。

大庭美奈子的印第安神话叙事向读者展现出了当代印第安少数族裔的现实困境，与此同时，作家对残酷现实的反抗之意也刻印在文学之中。在文学世界之外的现实社会中，少数族裔面临的政治残酷性也丝毫没有减弱的迹象。大庭美奈子在《图腾的海边》的结尾处写道："这个村子制造的用于参展世界博览会的图腾柱超过了100英尺，太长了，用普通的货船根本无法运送到日本。据说，它是通过美国海军的轮船运过来的"。（大庭みな子，2009：137-138）美国的海军运输船能够自由出入日本港口，暗示着日本一直以来对美国的依附关系。大庭美奈子《图腾的海边》中的神话叙事能够透视到当下少数族裔的现状与未来，是作家对当下社会环境伦理秩序的理解和重构，彰显着其对环境正义的呼唤以及为真正实现"人类进步与和谐"而付出的不懈努力。

参考文献

[1] 大庭みな子.大庭みな子全集 第5卷[M].东京:日本经济新闻出版社,2009.

[2] 大庭みな子.大庭みな子全集 第23卷[M].东京:日本经济新闻出版社,2011.

[3] 高慧勤选编.清贫赋[M].石家庄:河北教育出版社,1995.

[4] 康琼.中国神话的生态伦理审视[M].北京:北京师范大学出版社,2014.

[5] 王先霈,王又平.文学理论批评术语汇释[M].北京:高等教育出版社,2006.

[6] 聂珍钊.谈文学的伦理价值和教诲功能[J].文学评论,2014,(2):13-15.

[7] 蔡艳菊.神话素:列维—斯特劳斯神话理论的基本范畴[J].长江大学学报(社科版),2017,(1):1-5+20.

[8] 大江健三郎.冲绳札记[M].陈言,译.北京:生活·读书·新知三联书店,2010.

[9] 朱振武.文学想象:从生态批评到环境正义[N].文艺报,2015-4-13.

[10] 劳伦斯·布伊尔.环境批评的未来:环境危机与文学想象[M].刘蓓,译.北京:北京大学出版社,2010.

作者信息

姓名:侯冬梅

性别:女

单位:曲阜师范大学

研究方向:日本近现代文学

电子邮箱:houdongmeijp@yahoo.co.jp　　houdongmei210@yeah.net

Mythological Narration and Ethical Aeathetics: Centerring on Oba Minako's *The Seashore of Totem*

Qufu Normal University　　Hou Dongmei

Abstract: Oba Minako(1930-2007)was a Japanese postwar female writer who had lived in Alaska for more than 10 years. She had deep insights into the ethnic problems in American society. The background of *The Seashore of Totem* is just before the Osaka World Expo in 1970, and the American government issued an order that the Tredgett tribe of Indians should exhibit unique totem poles of its own at this Expo. Under the circumstance of the increasingly intimate Japan-US relationship and the grand and noble slogan of "the progress and harmony of mankind" of the Osaka World Expo, the writer used the totem poles of the Indian minority as the breakthrough point, providing the mythological narration of the characters with three different identities and cultural backgrounds, and depicted the multiple survival dilemma faced by American ethnic minorities, which had tremendous ironic significance. The mythological narration of the characters of various stands in the novel revealed the hidden ecological viewpoints in the narrator's mind. The study of the ecological viewpoints and ethical expression can clearly outline the valuable courage in exposing the contemporary minorities' survival problems and the justice in criticizing the overwhelming cultures' oppression and nibbling over the weak cultures.

Key words: Oba Minako; *The Seashore of Totem* ; mythological narration; ethical Aeathetics

本我、自我、超我的关联性研究
——以田山花袋《棉被》主人公竹中时雄为例

山东大学　王佳雪

[摘　要] 日本作家田山花袋的自然主义文学巨著《棉被》被誉为日本私小说的开端，小说通过大量对主人公竹中时雄的心理描写，真实而客观地展露了主人公复杂矛盾的内心世界，将主人公不加以掩饰地展现在读者面前。作为日本自然主义文学的领军人物，花袋擅长描写细微的日常生活，正视个体的生活状态，不避讳丑恶的部分，不进行理想化修饰，因此能够更科学、更客观、更系统地捕捉现实，在《棉被》中构建出了一个真实而立体的人物形象。本研究将结合弗洛伊德关于人格构造理论的本我、自我、超我的论述，有效地针对时雄的人格特征展开分层考察，从而针对小说内容进行更立体化的深入探讨。

[关键词] 人格构造理论；日本自然主义文学；《棉被》；竹中时雄

1. 引言

《棉被》是日本自然主义文学巨匠田山花袋于1907年发表的中篇小说，在日本文学史上具有里程碑式的重大意义，开启了日本自然主义文学的风尚，被誉为日本“私小说”[①]的开端。作品讲述了中年作家竹中时雄厌倦了与妻子单调的家庭生活，单恋着自己的女弟子横山芳子，但囿于社会传统眼光而一直压抑着自己的性冲动。当他发现芳子结交了男友田中秀夫后，他从中阻拦，让芳子的父亲把芳子接回乡下老家来拆散这对恋人。作品虽取材于花袋的私生活，但没有采用“告白”式的第一人称主观叙述，而是采用主人公时雄的第三人称叙述方法描写，保持了作品视角的客观性。同时，花袋本人也表示，《棉被》并非忏悔录，自己写作的过程中也没有刻意丑化其中的细节，而只是其内心的真实表现。其中针对性欲望的赤裸裸的描写，在给读者带来巨大冲击的同时，也往往能触及读者内心深处的某一角落，从而引起读者极大的共鸣。

针对《棉被》的文学赏析等研究硕果颇丰，其中，王志松(2001)对作品的告白性进行了重新解读；张修志(2008)、张彤(2011)从“私小说”起源的角度进行了解读；王梅(2009)、王莹

(2010)等的解读则是基于男性欲望的视角。此外,也有从自然性、主体间性等角度对作品进行解读的研究。这些研究都或多或少涉及了对《棉被》主人公心理层面的分析,从不同维度分析了主人公的心理特征。

明治维新后,日本资本主义不断发展,西方文化以势不可挡的态势涌入日本社会。但彼时的日本社会尚未从封建主义和家族制度的桎梏中完全解放。在新旧两种制度的冲击下,日本社会问题频发,以田山花袋为代表的自然主义文学者带着"幻灭的悲哀"和对现实的失望,力图表达在特殊历史背景下的个人悲哀与苦痛,创作的视野也从外部世界转向了自己的内心。以此为契机,花袋将自己作为主人公原型,以个人与女弟子冈田美千代的不伦之恋为蓝本(有元伸子,2013:34),大胆地揭露了个人内心的阴暗面,写作了《棉被》这一被誉为私小说源头的作品。同时,受到岛崎藤村的《破戒》的影响,花袋将自己一生的阅历与情感揉碎注入作品中,深刻地剖析和揭露了现代人内心的苦闷与丑恶。

弗洛伊德作为极负盛名的心理学家之一,其创造的人格构造理论从本我、自我、超我三个层次划分了人的心理结构,田山花袋在《棉被》中运用了大量笔触描写并展露了主人公时雄的内心世界,因此本文将从弗洛伊德人格构造理论入手,具体分析时雄的心理层次和人物形象,并从更丰富细致的层次对时雄的形象进行解剖,进而为从不同维度和层次理解小说内容和主题提供更多便利,也为全面理解田山花袋自然主义文学提供了新的可能。本文将以《棉被》为分析文本,运用弗洛伊德人格构造理论,从时雄的本我、自我、超我三层心理层面分析时雄的人格特征和《棉被》的小说特征。

2. 弗洛伊德的人格构造理论

精神分析的创始人西格蒙德·弗洛伊德(Sigmund Freud,1856—1939)建立了包括人格构造和人格发展两方面在内的人格理论,其中,人格构造理论将人的心灵分为本我、自我、超我三个层面。

早期的弗洛伊德提出了人格的"地形观"(topographical view),将人格划分为意识(conscious)、前意识(preconscious)、潜意识(unconscious)三个层次。意识是人处于清醒的知觉状态下的思想和情绪,是随时可以观察到的心理现象。不浮现于意识表面的心理现象是前意识,通常是没有被意识化的部分。潜意识是个人无法察觉,但对个人的思想和行为产生巨大影响的部分。

而在后期,为了修正早期的泛性主义② 倾向,弗洛伊德提出了人格构造理论(structural view),即人类的心灵是由"本我"(id)、"自我"(ego)、"超我"(super-ego)的三个领域组成。

本我是"动物性本能",指的是无意识的领域,是无意识中积累的过去经验的总和以及天生的非理性欲求等无秩序的存在。因为本我遵循"快感原则",所以本我会优先满足自我欲望,避免不愉快的事情的发生。自我指的是意识的领域,是每日皆可自觉到的"我"的部分。自我是从本我中分化出来的,是通过学习和适应外部环境发展的结果,是现实化的本能,代表了理性和常识。自我遵循“现实原则”,其作用是调整“本我”和“超我”的关系,维持内在的心灵平衡。自我连接着本我与外部世界,掌握状况并做出相应判断来调节本我与外部的冲突;对本我的非理性冲动,自我会进行延迟性的控制和压抑,而本我则为自我提供能量。超我,是指个体幼年时期受到的父母的教育,内化于心的教养领域,用以监督本我和自我的行为。超我是从自我中分化出来的,道德化的自我,遵循“道德原则”,处于人格的最上层,是个体在生活中接受社会文化道德规范的规训中逐渐形成的。弗洛伊德认为,本我的目的是追求快乐,自我的目的是追求现实,超我的目的则是追求完美。超我抑制着本我的自然性要求,控制着自我运行的方向,站在本我的对立面。通常情况下,本我、自我、超我处于平衡协调的状态,以保证人格的正常发展。

《棉被》作为日本自然主义文学的代表作品、私小说的源头,开创了赤裸裸地展露人物内心世界的私小说写作模式的先河。这里的私小说的“私”,不仅代表了以田山花袋为首的自然主义文学家写作视野的矮小化,将视角投射至某个人、某个片段、某个特定维度中,更代表了其自我内心真实且毫无保留的展露。特别是田山花袋的《棉被》这一作品,花袋将视角集中在时雄的内心世界,充分展现了时雄与妻子、女弟子芳子,以及芳子与其男友田中的交往中内心世界的激流涌动。无论是时雄人性中的丑恶性、还是社会性,抑或是其道德性的一面,都毫无遮拦地展露在了作品中。可以说,《棉被》本身就从客观真实的角度塑造了本我、自我、超我三个心理层面相结合的、立体的主人公形象。

2.1 时雄的本我——自我欲望的抒发

《棉被》的构思和叙事框架旨在直接表现人类的本能冲动,特别是男性的欲望,这与忠实于内心世界的本我具备的本能冲动相似。小说主要从三个部分表现了时雄的本我。

首先是对出轨的幻想。小说从开头就描写了时雄厌倦了现在一成不变的生活,每日都渴望能拥有新的恋情。他不仅对每天上班路上常遇到的陌生女教师有虚幻的妄想,想象着和她恋爱、瞒着妻子在近郊散步、带她去宾馆。甚至还幻想着,如果当时怀孕的妻子难产而死,那么时雄就可以顺理成章地考虑与女教师再婚的事宜。以上种种心理都将时雄本我中的丑恶性显露无遗。

其次是对妻子的厌倦。小说描写了当时雄回忆起与妻子的过去时,时雄内心思忖到“记得如今的妻子……当时他已坠入情网,心想如果不能得到她,宁愿漂泊去南洋的殖民地……这才过了短短八个年头,真是人心莫测”,眼前的人也曾是心上人,但随着时间的流逝,时雄已经逐渐厌烦了妻子。时雄甚至从内心深处为“在如今的时代,仍然梳着旧式的发髻,走路像鸭子一样,除了温柔和贞节之外什么都没有”的妻子感到可怜可叹。但是,对妻子的厌烦是时雄的本我发挥作用的必然结果。时雄对芳子的幻想,对女教师的幻想,都是受到了自身情欲即本我的驱使。可以想见,即使和这些幻想中的女人结婚,她们的下场,也不过是妻子如今结局的重演。

最后就是时雄从对田中的嫉妒开始,逐步升级的对芳子的独占欲和情欲。在芳子有恋人之前，时雄认为芳子曾对自己有过性暗示的举动，但当时的时雄囿于道德和师生关系等原因，并未与芳子发生实质性关系，对芳子的幻想也仅仅停留在外表和性欲上，并未把芳子当作自己真正的恋人。但是，自从时雄得知芳子有恋人之后，他对芳子的感情就发生了变化。最开始，时雄只是悔恨自己错失了拥有芳子的良机，但在挣扎了三天之后，时雄终于决定亲手结束自己的单恋。但在收到芳子的信件后，时雄愤怒于芳子字里行间流露的与田中的亲密关系，并从芳子的来信中得知田中要去东京的消息之后，对田中的嫉妒进一步升级，原本已整理好的思绪瞬间陷入暴风雨般的混乱。喝得烂醉如泥的时雄迁怒于妻子，随意发泄自己的愤怒与懊悔。之后，时雄把住在妻子姐姐家的芳子接到了自己家中，想借此约束芳子。也是在此时，时雄感受到了真正的安心，并且认为在没有田中的地方，自己似乎独占了芳子，芳子似乎已经成为自己的所有物。但彼时爱意正盛的田中与芳子二人频繁的书信往来招致了时雄的不满。时雄开始近乎神经质似的偷看二人的书信，力图从字里行间找出二人是否曾经发生过肉体关系的细节。而在得知田中要来东京，与芳子一同谋划今后生活之时，时雄终于无法抑制自己的嫉妒心，与芳子产生了正面冲突。在争吵中，时雄连用两个“愚蠢！”表达了自己对田中的怨恨，并称这对情侣为“空想家”。翌日，“时雄一度产生了‘放任自流’的想法，心想‘随他的便’吧。但是作为当事者之一，他却无法真正地‘事不关己’。”从这句话开始，时雄的欲念显然已经从最初对芳子单纯的幻想，升级到了将自己视为芳子和田中关系的圈内人，从而干涉其关系的占有欲。并且到目前为止，比起对芳子的爱，文中表现时雄对田中嫉妒的笔触着墨更多。在田中来到东京后，两人的恋情日益加深，时雄对此十分不快，被嫉妒冲昏头脑的时雄不仅无法专心工作，还迁怒于妻子。而最终，芳子终于下定了就算与父母切断联系也要与田中一同生活的决心。对此，时雄的不平与嫉恨到达了顶峰。泪流满面的时雄终于感受到了事态的严峻程度，最终放任自己的嫉妒扩散，写信给了芳子的父亲。而在和芳子父亲面谈时，明确涉及时雄对田中的评价的相关描述主要是时雄从说话的语音语调到外貌、神情，再到说话内容对田中进行了全方位的贬损，这充分体现了其对田中的轻蔑和憎恶。最终，偶然间发现田中与芳子有肉体关系的时雄，第一时间感受到了被欺骗的愤怒，但这种受伤与暴躁很快就被另一种情绪冲淡。时雄很快想到，如果芳子与田中已经发生了肉体关系，那么就不用尊重她处女的节操，而是应该果断地满足自己的性欲，并且时雄还煞有其事地幻想如果将自己的情欲向芳子挑明，芳子会有怎样的反应。因此，比起爱芳子，时雄更多的是在不断与田中这个所谓的情敌进行竞争与较量——在与田中的比较与嫉妒中，芳子在时雄心中的地位不断提高，并被时雄赋予了“爱”的名义，但这里的爱其实并非“纯粹之爱”，而是“嫉妒之爱”。时雄始终期待着芳子主动抛弃田中，来到自己身边，因为芳子对自己隐晦地表达好感后又转投田中怀抱的行为，在时雄心中意味着与田中相比自己存在某种劣势。小说中，时雄将自己与芳子二人比作飞鸟，表达了自身的中年焦虑。被本我的动物性冲昏头脑的时雄不愿承认这份劣势，所以只能在嫉妒中沉沦。当时雄发现田中与芳子二人发生了他预想之外的肉体关系后，一切尘埃落定，时雄认为比较的意义似乎也消失了，因为争夺的胜利品——芳子，已经不再是想象中纯洁无瑕的模样。最后，芳子被父亲带回了老家，而时雄居然从战胜田中这件事上获得了极大满足，这种满足甚至抵消掉了失去芳子的痛苦。因此，纵观全篇，时雄是在探寻芳子与田中肉体关系的过程中，逐渐将芳子圈进自己的领地，就像野兽占领领土一样，想将她占为己有，并完全享有芳子肉体和心灵的支配权，这是一种本我的、野兽般的独占欲。时雄对芳子的爱的变化是伴随着对田中的嫉妒逐渐升级的，这份爱起源于时雄本我中的动物性，升级于对自身劣势的回避，终结于嫉妒喷发后的三败俱伤，这也正是时雄本我意识的多重表现。

2.2 时雄的自我——多重身份下的认知

如前所述，所谓自我，就是对自身生理状态、心理状态、人际关系等状态的认识，接下来笔者会从三个方面来分析。

首先是作为老师的身份。面对芳子一声声“老师”的呼唤，对平凡生活感到厌烦而心灵干涸的时雄得到了极大满足，他平静的生活再次燃起了热情。时雄沉醉于芳子的崇拜和迷恋之中，但此时的芳子于他而言只是女弟子而已。碍于“芳子老师”的这一社会身份和世俗的眼光，时雄只能无视芳子的暗示，压抑着自己的性欲。在发现田中与芳子的关系后，他对自身社会地位进行了客观冷静的分析，试图将自己定位在“芳子老师”的身份上，妥协于社会注视与老师身份。因此，在这里，时雄的老师身份压制了个人欲望，即自我压制了本我。

接下来是田中与芳子恋情的“温情保护者”身份。在最初直面情敌田中时，时雄以一副好老师、好前辈的姿态，向田中提出了如何好好规划与芳子未来生活的建议。最初的时雄压制着自己本我的欲望，也没有向芳子家报告二人的恋情，甚至还想过给田中介绍工作。然而作为两人的“温情保护者”的时雄在后来自我反省时，却承认这是一种彻头彻尾的伪善行为。也就是说，时雄虽然做出了近似于超我的为爱牺牲的行为，但心里却并不认可这种行为。时雄并未达到超我的境界，所谓“温情保护者”的一系列行为也只是身份限制之下实施的权宜之策。因此，这一重身份依然是时雄自我的表现。

最后是自我认同。小说中多次描写了时雄的生活现状，但这个生活现状是通过时雄的心理表露出来的，因此属于时雄对个人生活的自我认同。作者在小说中也提及了时雄的女性观等个人通过后天学习生活而逐渐成长起来的观念认知，这也属于自我认同的部分。而在与田中的比较中，时雄认为自己已经步入中年，没有了美丽的羽毛，在竞争中也已经失去了年龄优势。这里的自卑与失落，均是时雄对自身生理状态的认识，是自我的一部分。

2.3 时雄的超我——超然物外的自省

与自我相比，超我是舍弃所有私欲的心理状态，也就是所谓的从利己到利人。小说中主要有两处超我的表现。

首先是对自己的妻子。虽然面对芳子的两次性暗示，时雄都在道义与世俗的考虑下拒绝了，但是时雄依然懊恼于自己没有勇气打破表面的师生关系，尽情释放内心的欲望。但当他在夜晚凝视着妻子熟睡的侧颜时，时雄突然开始从内心深处审视自己的良心，鄙视自己肮脏的想法，从而在那一刻彻底断绝了对芳子的妄想。当受制于社会习俗而并非完全发自本心的自我意识无法克制本我的性欲望时，时雄的超我及时充当了调停的角色，从主客观上压制了本我欲望的喷发。而在他发现芳子的恋情后，发狂的时雄在审视内心时又不禁感慨时间的流逝和自身的无常。曾经对妻子的爱是真实存在的，但仅仅过了几年，自己就对妻子产生了厌倦，此时的时雄站在了超我的立场上，感到了人性的卑劣，进而批判自身的变化无常。

其次是对学生芳子。最开始得知田中和芳子的恋情时，时雄在哭泣的芳子面前，从内心深处认为自己有责任和义务保护两人的恋情，但在这里，时雄的意识并不是伪善的自我意识，而是如后文所描述的，为了心爱的女人的幸福的一种牺牲，这是利他的超我意识的体现。而后，当时雄冷静审视自己在田中与芳子面前所摆出的"温情守护者"形象时，他再次站在超我的立场上批判了自己道德家似的伪善行为。这里的时雄的自我分析不带有个人主观意识，超越了自我和本我的框架，用道德和理性对自己的行为进行了分析和批判。

3. 结语

田山花袋将描写自己的现实生活作为小说创作的正道。《棉被》通过主人公时雄对自身生活现状的不满和对芳子的恋爱妄想等大量的心理描写，赤裸裸地表现了人性的丑恶，体现了描绘真实的自然主义手法。

正是考虑到文本具有的上述特点，本文选取弗洛伊德的人格构造论的本我、自我、超我分析了时雄对出轨的幻想，对妻子的厌倦，以及从对田中的嫉妒开始，逐步升级的对芳子的独占欲和情欲等本我支配下的感性思维；另一方面，受到老师、田中和芳子的恋爱的"温情守护者"等身份，以及自我认同等社会属性的理性制约，时雄的自我与本我进行了多次挣扎与对抗。他缺乏突破现有局面的勇气，故只能通过迁怒于无辜的妻子，以及向芳子的家里报告情况等行为来释放本我欲望。当自我无法压抑本我的时候，他的超我意识代替了自我意识，站在了道德的高度上审视本我涌现的欲望是否合理，从而能客观地审视内心，遵循形而上的理性。

自然主义文学就像手术刀一样解剖人的内心，从而真实地展现人的内心世界。因此其中不仅具有丑陋的本我的部分，也有符合社会认知的自我的部分，也会有道德性美好的超我的部分，这一点在分析《棉被》的主人公形象上表现得淋漓尽致。时雄既有本我的丑恶，也有自我的社会身份，还有超我的为爱牺牲，田山花袋从这三个层面真实而又坦率地展露了时雄的精神世界。总体来看，田山花袋虽然也描写了时雄道德性的美好的部分，但着墨更多的，是时雄虽然在本我和自我的战斗中经常屈从于自我的社会制约，但其庞大而丑陋的本我世界并没有被真正地控制。事实上，虚假地屈从于自我也是时雄的本我丑陋性的表现；而偶尔出现的超我部分也是时雄站在客观立场上进行的自我分析和自我批判，表现了自然主义文学特质。而从私小说的自然主义文学特质来看，本文描绘更多的仍然是时雄的本我部分。

纵观全篇，时雄的丑恶性，即本我欲求的膨胀是他做出无法控制的行动的根本原因。时雄的社会身份，也就是自我意识虽然短暂地压制了本我意识，然而无法完全释放的欲望还是成了他滑向深渊的导火索。在自我与本我崩塌的情况下，虽然时雄通过超我得到了暂时的冷静与清醒，但其内心仍然受制于超我与本我的斗争，这使他既挣扎于欲望深渊的边缘，又无法完全切断自身欲望，最后只能在失去芳子后，抱着芳子曾睡过的被子失声痛哭。可以说，时雄是矛盾的，是伪善的，他本人对此也心知肚明。而伪善的时雄也正因有了超我的清醒，所以这一人物形象才显得更为丑恶并令人唏嘘。

注释

① 私小说：以作者自身为主人公，将身边的实际生活、心境和经历等坦诚地和盘托出的小说。

② 泛性主义：过分强调性的生命本质与身心活动地位的观点和理论。泛性论把性欲视为高于一切、决定一切的根本因素。

参考文献

[1] 田山花袋，吉田精一，等. 田山花袋集[M]. 東京：筑摩書房，1968.
[2] 有元伸子.『作者』をめぐる攻防：田山花袋『蒲団』と岡田美知代の小説[J]. 日本近代文学，2013(88)：33-48.
[3] 王志松."告白"、"虚构"与"写实"——重新评价《棉被》的文学史意义[J].日语学习与研究，2001(01)：53-58.
[4] 张修志.从田山花袋《棉被》看日本私小说"私"的成因[J].经济研究导刊，2008(05)：180-182.
[5] 王梅.男性欲望与叙事——试比较田山花袋《棉被》与郁达夫《沉沦》[J].日语学习与研究，2009(03)：107-112.
[6] 王莹.出轨的灵魂 扭曲的心智——田山花袋的《棉被》中男性欲望解析[J].时代文学(上)，2010(05)：171-172.
[7] 张彤.从《棉被》看日本的"私小说"[J].辽宁师范大学学报(社会科学版)，2011，34(04)：127-128.
[8] 弗洛伊德. 自我与本我[M]. 上海：上海译文出版社，2011.
[9] 田山花袋. 棉被[M]. 魏大海，邵程亮，周祥仑，译. 上海：复旦大学出版社，2013.

作者信息

姓名：王佳雪
性别：女
单位：山东大学
研究方向：日本民俗学
电子邮箱：983563949@qq.com

Research on the relevance of id, ego and superego: Take Takenaka Tokio, the protagonist of Tayama Katai's novel *Futon*, as an example

Shandong University Wang Jiaxue

Abstract: The naturalistic literary masterpiece "*Futon*" by Japanese writer Tayama Katai is known as the beginning of the *I Novel*. Through a large number of psychological descriptions of the protagonist Takenaka Tokio, the novel truly and objectively reveals the protagonist's complex and contradictory inner world and comprehensively exposes the protagonist in front of readers without concealment. As a leading figure in Japanese naturalistic literature, Katai is good at describing subtle daily life, facing up to individual life conditions, not avoiding ugly parts, and not idealizing description. Therefore, it can capture reality more scientifically, empirically, and systematically, and build a real and three-dimensional character image in *Futon*. Freud's discussion on the id, ego, and superego of structural view can effectively carry out a layered investigation of Tokio's personality characteristics, so it can be possible to achieve a more three-dimensional and in-depth discussion of the content of the novel.

Key words: structural view; Japanese naturalistic literature; *Futon*; Takenaka Tokio.

重审永井荷风的《梅雨时节》
——昭和初年的日本女性书写

南京大学　张晶晶

［摘　要］《梅雨时节》是永井荷风于1931年(昭和6年)10月发表于杂志《中央公论》的一部长篇小说。自小说发表以来,很多批评家和研究者对小说中的女性角色展开了讨论,尤其是近年随着女性研究者的增加,永井荷风的女性认知成为学界争论的话题。本文基于这一讨论,并结合时代背景重审《梅雨时节》中的女性书写,揭示永井荷风对昭和初年(1926-1930)日本女性生存实态的关注和对女性自立的期待,同时指出这一期待的局限性,即只局限于文字层面,并未真正从现实中接纳日本女性作为社会活动参与者的这一身份。

［关键词］《梅雨时节》;女性书写;昭和初年;永井荷风

《梅雨时节》(『つゆのあとさき』)是永井荷风(1879-1959)于1931年(昭和6年)发表于杂志《中央公论》的一部长篇小说。小说发表后受到谷崎润一郎的称赞,并被认为是记录昭和初年东京银座风俗的杰作。也有批评家在评论小说中的人物角色时,批评永井荷风的女性观,比如宫城达郎认为永井荷风蔑视女性(宮城達郎,1973:10),吉行淳之介指出荷风一向将女性看作物,不过用来抒情而已(高橋俊夫,2018:97)。不过,随着时代的发展,近年几位女性研究者着眼于《梅雨时节》中的女性角色,以女性视角重新审视了文本。其中,张晗指出荷风笔下的君江展示了作为女招待享乐的一面和作为女性柔弱的一面,同时通过将君江和鹤子进行比较分析,指出永井荷风对女性难以掌控自我命运的感叹(張晗,2014:126-142)。金田未香则质疑了过往研究中对永井荷风蔑视女性的指责(金田みか,2020:58-75)。由此可知,过往研究对小说家永井荷风的女性认知存在较大争议。因此,本文基于以上研究,重新审视了永井荷风在《梅雨时节》中对女性角色的书写,指出永井荷风在《梅雨时节》中塑造的京子、君江、鹤子三位女性角色及其生活方式,显示出了其对昭和初年日本女性生存实态的关注,而三位女性的身份不仅覆盖了卖身艺伎、咖啡馆服务员、知性女性这三个群体,更强调了农村与城市女性生存实态的对比。本文通过比较分析荷风笔下三位女性角色的生存实态,揭示了内植于小说文脉的荷风对昭和初年日本女性的同情及对女性自立的期待,基于此,本文将结合永井荷风的日记分析永井荷风的女性认知：即永井荷风关注和同情弱势女性，但这种同情只是基于对男权社会主导日本社会的默认，而并未在现实层面真正接纳日本女性作为社会活动参与者的这一身份。

1. 被迫卖身的艺伎京子

永井荷风在《梅雨时节》中塑造了一个被父母卖身为艺伎的女性角色京子。京子出生于埼玉县的乡下，家里欠下债务的她被相好川岛赎出做了妾，然而川岛后因公司账务问题入狱，失去生活来源的京子只得做起私娼，后又辗转做回艺伎。永井荷风在小说中对京子做了如下描述：

> "京子到了富士见町后怎么样了？她啊，肯定很忙吧。"
> "前几天稍微问了一句，说是每天都有客人。根本没有好好说说话的时间……"
> "对方是谁都没关系吧，本来京子就有债务要还，根本容不得她想。"
> （小林秀雄，1967：313-314）

由此可见，艺伎京子一直在为偿还家里的债务忙碌着，根本无暇也没有能力顾及个人意愿，作为昭和初年的一个年轻女孩，对爱情、性欲等人的正常欲望的追求是缺席的。

永井荷风在小说《梅雨时节》中并未直接言明故事发生的年代，但从"两位客人都是留着胡须的五十岁左右的绅士，似乎刚去松屋或三越百货公司买了东西，手里拎着纸包"（小林秀雄，1967：299）的描述可以推测，故事发生在1930年（昭和5年）或1931年（昭和6年）。因为主人公君江所在的咖啡馆位于东京银座，而文中出现的"三越"百货公司的银座店开设于1930年。结合荷风日记的记录，这部小说成稿于1931年5月下旬，而故事发生的季节又是夏季，由此可以推断小说中的故事是1930年的事。小说中的京子与君江是小学同学，年龄应该也是20岁，君江来东京三年，而京子早一年被卖到东京做艺伎，由以上的文本记述推测京子应该是在1927年或稍前被从埼玉县老家卖到东京艺伎馆的。而1927年及其之前的一段时间正处于日本历史上颇为动荡不安的一个阶段。日本1920年陷入第一次世界大战后的战后恐慌，1923年遭遇关东大地震，1927年又陷入金融危机，连年的动荡之下，以生丝、棉丝为首的部分商品物价下跌，不仅企业遭受重创，农村也陷入了贫困。这一点由埼玉县北足立郡农民的陈情可知一二："50个卷心菜才换一袋烟，百把诸葛菜都买不到一颗卷烟。这样的话，去除肥料钱我们还能剩下什么？"（山本明，1979：38-39）在农产品卖不出价钱的情况下，遭受重创的企业试图解雇从农村涌入的大量劳动力，引诱他们返乡（柳田国男，1982：151）。在这种极端贫困的情况下，农村卖女儿的现象已屡见不鲜。基于文本的年代设定我们大致可以揣测，京子就是在这样的背景下被卖为艺伎的。看似着墨没有君江和鹤子多的京子，针对她的描写的细节之处却充分体现了作家永井荷风对艺伎贫苦身世的关注，而通过永井荷风对京子这样一个被卖身、整日忙于赚钱还债的女性形象的书写，我们可以感知到昭和初年以京子为代表的底层女性毫无人生选择权可言的凄苦生活。

2. 放纵的银座咖啡馆女招待君江

与京子相对，同样出身于埼玉县乡下的君江则过着纵欲的生活。君江(20岁)是京子的小学同学，家里是卖当地特产点心的，其家境明显比京子好，当时在东京银座最有名的咖啡馆做女招待。永井荷风在小说中对君江做了如下描述：

> 乡下长大的君江对时髦的装饰品没多大兴趣，就连戏剧和电影，如果不是有人邀请也不会主动去。小说倒是会在电车里翻一翻，除此之外也没有特别喜欢的，只要房租和梳头钱自己支付得起，就不必硬向男人开口。君江经常不为金钱而满足男人。(小林秀雄，1967：292)

君江与京子相反，不需要为金钱发愁。结合昭和初年女招待的就业背景，很多女招待的从业原因是生活贫困，比如小说中的女招待之一铁子，原是牙科医生的妻子，后来因为生活困难做了女招待。小说中君江是一个大大咧咧的人，生活中对穿着、住宿等没有特别的要求，唯独沉浸于性欲的游戏无法自拔。

> 君江心想，自己也就经历过5个、10个数得过来的男人，简直不足挂齿，觉得好笑……(小林秀雄，1967：294)
>
> 君江面对初次接触的男性时，兴致要比面对常接触的男性时提高一倍，不看到男性被迷得神魂颠倒的样子绝不罢休。(小林秀雄，1967：308)
>
> 每当君江结识到新的喜欢的男性，就会变得忽冷忽热，她是天生的不安分，第二天也是一起待到接近傍晚……(小林秀雄，1967：312)

独特的性癖、旺盛的性欲、热衷于玩弄男性的角色特征，使得君江这一女招待角色与同时代的一般女招待形象形成了鲜明对比。比如，比永井荷风的《梅雨时节》早些发刊的广津和郎的小说《女招待 小夜子卷》(『女給 小夜子の巻』昭和6年3月)，主人公小夜子是典型的贫困弱者形象。

谷崎润一郎称赞《梅雨时节》是一部描写了昭和初年东京银座风俗的杰作。这里的风俗主要指的是君江所在的咖啡馆。咖啡馆(カフェー)是20世纪上半叶在日本流行的一种风俗营业场所。日本的第一家咖啡馆由洋画家平冈权八郎和松山省三等人在东京银座创办经营，且由小山内薰命名(安藤更生，1931：97)。其以巴黎的CAFE为模型，但将里面的服务生由男性替换为女性，也就是所谓的女招待(日文词为“女給”)。起初的咖啡馆主要面向知识阶层，颇有沙龙的意味。黑田清辉、森鸥外、冈本绮堂、永井荷风、正宗白鸟、小山内薰、岛村抱月、木下杢太郎、高村光太郎、谷崎润一郎、北原白秋、中泽临川、吉井勇等人都是银座咖啡馆的会员（安藤更生，1931：99）。不过1923年（大正12年）关东大地震之后，咖啡馆变成以女招待提供服务为卖点的休闲娱乐场所。1929年（昭和4年），“咖啡馆时代”的表述经常出现在杂志和报纸上，有时也被称为“女招待时代”，据1929年8月日本警视厅统计，仅东京都的咖啡馆数量就达到了6 817家……据同年4月的内务省调查，东京都内从事服务业的女性有46 576人，其中女招待数量为18 986人，其次是艺伎、娼妓。（小林真二，1998 ：1）安藤更生在《银座细见》中记述了震灾后银座的盛势，“地震后的银座骤然变得热闹繁华。三越、松屋、松坂屋三大百货店在银座开了分店。以改造、中央公论为首的大型杂志社争相报道银座的消息。报纸上银座的新闻不断……银座完全征服了东京”。在这样众星捧月般的环境中活动的女招待留着最时髦的发型，风光完全不输当时的电影女演员。据《咖啡馆通》记录，男人们经常光顾咖啡馆是因为“映入眼帘的漂亮的女招待……即他们是被女性的性魅力所吸引的。”（小林真二，1998：2）而永井荷风在《梅雨时节》中对咖啡馆的室内结构进行了细致的描写：“她走进一间十铺席大、四壁并排装有十四五面镜子的房间……每台镜子前都有两三个女人挤在一起，伸着脖子，或涂脂抹粉，或整理发型”。（小林秀雄，1967：295）从文中对这间化妆间的描写可以看出，这间化妆间明显不同于普通服务行业的员工更衣室，里面的十四五面镜子似乎暗示了咖啡馆对女招待的要求首要的是妆容和形象。而由“扫地、擦桌子都是男仆在做，比起其他地方还算轻松。”（小林秀雄，1967：295）一句可以看出，咖啡馆中男服务员的边缘性存在也映射了女招待的主体地位。由此可见，男客去咖啡馆消费的主要不是里面的酒水，而是女招待。女招待在震灾后风靡一时的原因在于她们是以商品的形式而存在的，就像摆放在玻璃橱窗或展览会上供人观赏的商品，其内在价值已然被其外在的展览价值所取代。

咖啡馆在日本本土化后，服务员被替换为年轻女性，进而发展到以女招待为卖点。此时的女招待是作为“摩登女孩”而存在的。“商品用来标识人们的社会差异，通过人们对商品的使用来划分社会关系，我们对商品的享用，只是部分地与其物质消费有关，关键的还是人们将其用作一种标签。”（迈克·费瑟斯通，2000：25）这句话可以理解为，“商品并非在销售它们本身；实际上它们在出售某种特定的消费者，出售消费者的社会地位。”（周小仪，2002：140）由君江相好的身份可知，往返于咖啡馆的基本是知名小说家、医生、律师、汽车进口商经理这样的中产阶级。小说家清冈选择君江，除了他本人描述的认为君江全然爱着自己以外，其背后隐藏的是拥有东京银座时尚女孩的虚荣心，毕竟他的前相好是电影女演员。清冈拥有君江，但在得知其有其他相好之后便想尽办法报复，向八卦报社透露君江的身体隐私，向君江壁橱内扔死老鼠，虽说是相好，但从清冈对待君江的态度和行为上来看完全没有任何感情可言。与此相对的是舞厅会计小松，“每天都会来咖啡馆晃一圈，从找房子，去当铺当东西或到票房取戏票等，无论什么事情他都愿意为女招待效劳，有求必应……他从没作为客人来吃喝过。”（小林秀雄，1967：298）会计身份的小松从不以客人的身份在咖啡馆消费，这与知名小说家清冈形成身份上的对比，而这一身份上的差异和消费选择直接决定了他们对女招待的态度。光顾咖啡馆的中产阶级消费的是作为商品的女招待，而只有在舞厅做会计的小松与女招待的相处才体现了她们作为人的属性。因此，咖啡馆这一空间在彰显身份的同时，也承载了女招待在昭和初年的商品属性。

永井荷风在小说中强调君江毫无贞操观和羞耻心，类似于西方的娼妓。然而对永井荷风塑造的君江这一女性角色的理解却不能仅止于这一表面的批判。永井荷风曾在1929年9月19日的日记中写道："近来舆论开始讨伐咖啡馆、舞厅。认为它们伤风败俗，应该被取缔。女招待的出现本来不就是世人厌倦了娼妓艺伎而艳羡西洋娼妓的结果吗？……审视今日之局面，女招待、舞女之害不足为惧。应该恐惧的是政治家的廉耻心，以社会公益之名逞一己之欲的伪善行为最令人恐惧。"（永井荷風，1987：202）在永井荷风看来，女招待也好，舞女也好，不过是时代的牺牲品，如果说社会风气变坏，那么责任应该在搞出这些花花名堂的资本家和政治家身上。这也是女招待君江这一女性角色在小说中被塑造的特殊意义所在。女招待君江私生活的放纵是时代风俗的体现，但永井荷风认为女招待们不应该是最终被讨伐的对象。这里彰显了永井荷风对女招待等被社会环境所利用的女性群体的同情。自古以来，利用女性的性魅力是男权世界压迫女性的基本逻辑，即便是女权主义得以发展的今天，部分领域的资本运行模式依然沿用着这一腐朽的规则。明治维新以来，妇女解放的思想得以传播，女性也渐渐开始走出家门步入职场。但是对早期明治时代的就业女性，社会上还是存在不信任和反感的情绪。到了大正年代，女性就业的现象普遍增加，社会接受度也渐渐提高，但女性的就业仍然无法与男性对等。"大正期的职业妇人一方面展现着新的魅力，另一方面，相比作为一个自立的个人被认可，不如说是作为女人，即他们被期望提供作为女人力所能及的符合新时代的服务。"（村上知彦，1983：148）大正时期招聘女司机、女引导员背后暗含的是利用女性独特的性魅力引诱男性刺激消费的逻辑。昭和初年依然如此。对昭和初年咖啡馆女招待的书写不仅描绘了东京银座的风俗，而且隐含了永井荷风对女性被利用的揭示和对背后权力和资本运作机制的批判。

就是在这样一个将女招待商品化的咖啡馆空间，君江的抵抗精神体现在她并没有被男性消费者玩弄于股掌之间，而是在这样一个充满欲望的空间充分满足自己的性欲，君江自由放纵地辗转于不同男客之间。作家菊池宽曾发表关于摩登女孩的言论："我希望大家能够更加尊重摩登女孩这样一种存在。摩登女孩不仅指外表，不是说穿上洋装就是摩登女孩了。希望大家能从内容上来理解这个词。作为女性，有着清醒的自觉。真正的摩登女孩应该是持有新的恋爱观和贞操观的……而非那种为了金钱委身于男人的女人，像玩偶一样被男性的意志所左右。"（山本明，1979：186）君江的这一行为恰恰体现着摩登女孩对于昭和初年日本的意义，即"她们开始具备了将自己被给予的环境按照自己心意去改变的意识形态"（山本明，1979：186）。而君江作为昭和初年的女性表现出的对性自由的渴望恰恰是昭和初年的中产阶级男性清冈所不能忍受的。

女招待君江这样一种自给自足、在欲望上自我满足的心态挑战了靠投机取巧出名的"成功小说家"清冈的底线。清冈脆弱的虚荣心需要女性的依赖来衬托。清冈想让君江只属于自己一个人，认为君江是深深爱着自己的，以为只要给她钱就可以满足她。在提到与鹤子分手时也提到分手费，说明在清冈对女性的认知里，与女性关系的缔结纽带就是金钱。用金钱可以买来女性的爱，也可以结束与女性的关系。这与前述新时代女性被期待发挥其能力范围内的优势——性感的逻辑是一致的。然而荷风笔下的女招待君江偏偏是一个不执着于金钱，也不甘心执着于同一男伴的、有着强烈的自我欲求的人物。

君江抵抗精神的另一面体现在从农村逃往都市东京的行为。君江因不愿做一个乡下妇女，为逃避家里的相亲而跑到大都市东京玩乐，这种行为其实是与1927年前后农村弥漫的保守思想密切相关的。昭和时代，为了对抗女性没有参政权的不公平现状，民间出现了妇女参政权获得期成同盟、妇女参政三派联合会、妇女参政协会等组织，1927年还诞生了《妇选》杂志。此外，男女同工同酬、教育机会均等、反对公娼制度等要求也纷纷被各民间同盟提出。然而，面对妇女解放潮流的扩大，国家方面规制女性的动作力度在这一时期也不断加强，大日本联合女子青年团的创立就是一个代表(永原和子，1996：7)。大日本联合女子青年团创立于1927年(昭和2年)，其前身是处女会。明治末年至大正初年，处女会疯狂吸收农村女孩。其以未婚女性的修养和交流之会的名义，教授女性必要的知识和技能，养妇德之涵养、塑勤俭勤勉之风气，目的在于培养一支贤妻良母的妇女大军。第一次世界大战后，妇女解放运动和劳动运动日益发展，担心这一风潮席卷农村的日本内务省和文部省加强了对处女会的领导，1918年(大正7年)处女会中央部成立，在工厂工作的农村女孩们被吸收进处女会。1927年，该处女会便发展为全国性组织——大日本联合女子青年团，从而与女性独立运动和批判国家体制的势力对抗，以此寻求忠于国家的女性。所以，尽管日本近代化进程中妇女解放运动得到了发展，但落后保守的官方政府却不断施压，试图围堵女性解放思潮，甚至担心女性解放不利于国家统治。妇女解放与身体的解放是连接在一起的。君江自小生活在宣扬女性应守身如玉的农村，她逃到东京后的放纵似乎是对处女会的讽刺。

3. 追求女性独立的知性女性鹤子

《梅雨时节》中塑造的另一位重要的女性角色是鹤子。鹤子是有夫之妇(虽没入籍，但过着5年的同居生活)，却在丈夫留学期间跟尚有文学追求的清冈陷入婚外恋，后被夫家以身体状况为由休掉。鹤子是一位有外国文学文化和汉学修养、读过女子学校的知性女性。婚后一年，丈夫清冈靠投机取巧一跃成为知名小说家，开始与电影演员和女招待有染，忍耐四年后，27岁的鹤子终于决定离开丈夫，抓住赴法工作的机会离开了日本。

鹤子作为一个有外国文学文化和汉学修养、读过女子学校的女性，却选择了婚外恋，这本身就是对鹤子这一角色抵抗性格的塑造。而其实鹤子这一角色在现实中是有对应的原型的。藤原亚纪出身于实业界家庭，父亲是三井财阀的理事中上彦次郎，读过女子学习院。这与鹤子出身于实业界家庭及读过女子学校的设定一致。1913年，藤原亚纪遵从媒妁之言嫁给年长自己19岁的医生宫下左右辅，但婚后与歌剧演员藤原义江相识并陷入恋情，并在箱根约会。后于1928年离婚，追随藤原去了意大利。藤原亚纪的婚外恋以及离婚出国与小说中鹤子的经历极为相似。《梅雨时节》中鹤子唯一的亲人即在实业界颇有声望的哥哥在事发后与鹤子切断联系，而现实中藤原亚纪也被逐出家门。小说中作者虽然没有直接描述鹤子是媒妁之言，但从丈夫考入陆军大学去西方国家留学的这一设定可以推测鹤子与丈夫相差十几岁，日本的陆军大学校是以培养参谋官为目标的，因此考取资格是少尉或中尉，而作为常识，日本少尉的平均年龄大概在35岁，与23岁的鹤子有着十几岁的年龄差。而且从鹤子婚外恋后被男方家休掉这一行为可以揣测，二者的婚姻多半为媒妁之言。鹤子的抵抗精神表现为在昭和初年的时代背景下对爱情的勇敢追求。如前所述，在昭和初年的日本，一方面妇女解放运动得以发展，但另一方面国家加强对女性思想的控制和引导，以期使她们成为为国家所用的保守女性。1928年，藤原亚纪离婚并追随藤原义江远赴意大利，二者的这段恋情在当时广受热议，以至于后来被载入昭和史年表的“社会”一栏，可见藤原亚纪的这一果敢行为成了1928年的特大新闻，受到了社会的极大关注。永井荷风对鹤子追逐爱情形象的塑造也是对昭和初年日本女性解放的重要书写。

鹤子的抵抗精神还体现在当得知丈夫清冈出轨后做出的离开他只身赴法工作的决定。永井荷风对鹤子面对丈夫不忠毅然出走的女性自立形象的书写恰巧也在现实中得到了印证。现实中的藤原亚纪结婚后追随丈夫去了意大利，但是战后发现丈夫出轨后便毅然决然地选择了离婚。永井荷风在小说中塑造的鹤子这样一个选择离婚独自出国工作的女性形象，对于昭和初年的日本女性显然具有巨大的启发意义。

4. 结语

综合以上三位女性角色的特征，我们不难发现君江与鹤子都实现了昭和初年作为女性在身体上的解放，君江的出逃与鹤子的出国都彰显着昭和初年的女性对过去女性被束缚现实的抵抗。而二者的不同之处在于，君江离开农村去到东京后，沉迷于纵欲的游戏，最终因惹恼了相好而被捉弄，小说暗示了君江终将返回农村老家的可能性。从自立可能性的角度分析，君江所从事的咖啡馆女招待的工作本就具有被期待利用女性的性魅力去招揽顾客的性质，这一性质本质上是臣服于男权社会之下的，是被资本所操控的。女招待这一工作是以与顾客捆绑在一起为前提的，这种工作性质决定了女招待必须持续讨好对自己打主意的顾客。君江在东京纵欲的经历如同一场梦，终究一场空。而鹤子在前期追求爱情和后期离开丈夫出国这两件事情上对于昭和初年的女性自立都有着极大的启发意义。鹤子追随歇尔夫人赴法国工作的行为真正体现了女性的自立。这场伴随着不确定性的果敢出走既为自己与丈夫之间的不幸婚姻画上了句号，又为自己的未来开辟了一种重生的可能性。现实生活中的藤原亚纪后来担任过资生堂美容学校的校长，还当选过日本参议院议员。而艺伎京子则是女性中最底层的代表。京子的存在绝非可有可无。从没有人生选择权而只能逆来顺受的京子，到从乡下逃到大都市纵欲的君江，再到勇敢追求爱情也勇敢放弃不忠的丈夫独自出走的鹤子，永井荷风通过对三位女性不同生存实态的书写向读者呈现了昭和初年的时代背景下三种不同的女性命运。而卖身的艺伎、东京银座咖啡馆女招待、出身实业家庭的知性女性这三层身份所带来的生存境遇上阶梯式的差距，让读者看到昭和初年日本农村出身的女性与都市女性之间的差距。而从君江与鹤子身上，我们又能读到在日本近代妇女解放的背景下其身上各自体现着的昭和初年的女性对过去女性被束缚现实的抵抗。永井荷风对以上三位女性的书写，暗含了他对大正、昭和年代日本城乡发展失衡的思考、对昭和初年日本政治家和资本家的批判，以及对被政治和资本操控和牺牲的女性的同情和关注。

永井荷风对三位女性的书写映射出昭和初年女性解放所面临的现实窘境和底层阻碍。这主要是因为昭和初年日本男性对女性的物化，比如前述知名小说家清冈将其与君江、鹤子的关系视作金钱的缔结，再比如大正、昭和时期女性就业选项中很多是与女性的性魅力相关的。也就是说，呼吁女性解放的昭和日本社会从现实层面仍然难以接受女性要与男性处于同等地位的诉求。就连小说家永井荷风对女性自立的期待也存在局限性。不论是在《梅雨时节》还是在早年的成名作《地狱之花》中，永井荷风都书写了女性的抵抗，表达了对女性自立的期待，然而在现实生活中面对事业上自立的女性时，他的态度却迥然不同。如1929年9月19日的荷风日记所记录的：近来舆论开始讨伐咖啡馆、舞厅。认为它们伤风败俗，应该取缔。女招待的出现本来不就是世人厌倦了娼妓艺伎而艳羡西洋娼妓的结果吗？（永井荷風，1987：202）永井荷风用了“世人”一词来指代厌倦日本的艺伎娼妓而艳羡西方娼妓的日本人。以艺伎和娼妓为消费对象的显然是男性，永井荷风在此处指的自然也是男性，而他却用“世人”一词指代男性，可见在他的潜意识里，男性即代表了世人，女性不算在世人的概念里。潜意识里习惯了自居于男权世界的永井荷风，虽然自小便目睹母亲屈居于父亲之下的不公平，字面上也一贯渴望和主张女性独立，但他的遣词还是暴露了深深植根于骨子里的对男权世界的认同。永井荷风在作品中塑造的往往是以艺伎、娼妓为代表的典型弱势女性群体，而对现实生活中独当一面的非弱势女性似乎颇有微词。其在1929年1月11日断肠亭日记中记述道：

> “看到一则住在郡部的名叫三宅野子的人家里进贼的新闻。三宅野子是妇人杂志的记者。她对着盗贼问“你是知道这是我家才进来的是吗？”盗贼答：不知道就进来了。三宅告诉盗贼自己叫什么。于是成了新闻。当然毕竟是新闻，是否真实不得而知。但如果是真事，那三宅这个女人自恋到了让人吃惊的程度。在一两个杂志报纸执笔就以为天下万人都记住了她的名字。向盗贼询问是否知道自己名字，这种行为简直迂腐得让人同情。我本人并不认识三宅这个人。更不知她在什么杂志上发表过什么文章。只是在报纸上看到了觉得滑稽就记了下来。说来当代的女文人或女政治家的自恋程度不亚于三宅。”（永井荷風，1987：194）

从这段日记中的文字不难看出，永井荷风对在现实社会中积极发挥作用的女性是存有偏见的。与对职业女性的偏见相对，永井荷风在日记中不乏对女招待、娼妓这样弱势女性群体的同情，1929年5月22日记述道："现代人中文人、画家、政治家的内心最为卑鄙。应该说艺伎、女招待、女佣等与文人议员相比，品行更好，更有人情味"。（永井荷風，1987：197-198）永井荷风在《梅雨时节》中充分显示出了他对艺伎、女招待甚至包括鹤子这样知性女性的身世与生存实态的关注与同情，但他对女性的抵抗和自立的期待只停留在文字层面，永井荷风对独立女性作为社会的一分子积极发挥作用的形象仍然存有偏见。因此，对永井荷风而言，在对女性自立的期待上存在幻想与现实的矛盾。

注释

①小说中描写了君江时尚的穿戴，海豹皮的大衣、大岛产的外套，薄薄的披巾、镶嵌珍珠的玳瑁梳子等等。"摩登女孩"即"modern girl"的表述参见永原和子，米田佐代子.おんなの昭和史[M].有斐閣，1996：9.

②日文名：藤原あき。详见 Wikipedia<https://ja.wikipedia.org/wiki/>

③《昭和史年表：大正12年9月—昭和62年12月31日》按年份分政治、经济，世界，社会，世相四栏。而"社会"一栏记载的基本是某县废除公娼制、警视厅取缔舞厅等重大社会新闻。可见藤原亚纪与藤原义江这段恋情在当时的轰动程度。原文记录如下"8.19宫下亚纪（三井理事中上川彦次郎的女儿，医学博士的夫人），前去追随住在意大利的藤原义江。"出自神田文人.昭和史年表：大正12年9月－昭和62年12月31日[M].小学館：1986：11.

参考文献

[1] 迈克·费瑟斯通.消费文化与后现代主义[M].刘精明，译.南京：译林出版社，2000.

[2] 周小仪.唯美主义与消费文化[M].北京：北京大学出版社，2002.

[3] 安藤更生.銀座細見[M].東京：春陽堂書店，1931.

[4] 神田文人.昭和史年表：大正12年9月—昭和62年12月31日[M].東京：小学館，1986.

[5] 金田みか.語る女と語られる女たち——永井荷風「つゆのあとさき」における語り論[J].大衆文化，2020（22）：58-75.

[6] 小林秀雄.永井荷風·現代日本文学館[M].東京：文藝春秋，1967.

[7] 小林真二.女給へのまなざし：「つゆのあとさき」と同時代女給表現[J].日本文化研究：筑波大学大学院博士課程日本文化研究学際カリキュラム紀要，1998(9)1-23.

[8] 高橋俊夫.永井荷風『つゆのあとさき』作品論集[M].東京：株式会社クレス，2018.

[9] 張晗.永井荷風『つゆのあとさき』の女性像をめぐって[J].大学院論集，2014（24）：126-142.

[10] 永井荷風.摘録断腸亭日乗(上)[M].東京：岩波書店，1987.

[11] 永原和子，米田佐代子.おんなの昭和史[M].東京：有斐閣，1996.

[12] 村上知彦.大正期の職業婦人[M].東京：ドメス出版，1983.

[13] 宮城達郎.永井荷風の文学[M].東京：桜楓社，1973.

[14] 山本明.図説昭和の歴史 3 昭和の恐慌[M].東京：集英社，1979.

[15] 柳田国男.定本柳田国男集 第二巻[M].東京：築摩書房，1982.

[16] 藤原あき.https://ja.wikipedia.org/wiki/.[2020-05-09]

作者信息
姓名:张晶晶
性别:女
单位:南京大学
研究方向:日本近代文学
电子邮箱:1548853909@qq.com

Nagai Kafū's *Tsuyu no atosaki*-A Revisit: Japanese Women Writing about Early Showa Era

Nanjing University   Zhang Jingjing

Abstract: *Tsuyu no atosaki* is a novel by Nagai Kafū, published in the journal *Chūōkōron* in October 1931. Since the novel's publication, many critics and researchers have discussed the female characters in the story, especially with the increase of female researchers in recent years, Nagai Kafū's female cognition has become a topic of debate. This theory is based on this discussion, combined with the background review *Tsuyu no atosaki* of women writing, reveal Nagai Kafū's attention to the survival reality of Japanese women and the expectation of female self-reliance in Early Showa Era(1926-1930), and points out that the limitations of the expectation, which is limited to the text level, did not accept Japanese women from reality as a participant in social activities.

Key words: *Tsuyu no atosaki*; female writing; Early Showa Era(1926-1930); Nagai Kafū

从《贝壳之后的地方》看日本“后3.11”时代的创伤书写*

哈尔滨理工大学　邹　洁

［摘　要］日本3.11大地震给日本带来了巨大的生命财产损失，重创了日本社会，给日本国民造成了巨大的精神创伤。在那之后，日本文坛涌现出一批以3.11大地震为创作背景的“后3.11文学”。这些作品运用或写实或虚构的创作手法，反映了“后3.11”时代日本社会的创伤气氛和日本国民的心理状态，是日本特有的创伤小说类型。2021年第165届芥川文学奖获奖小说《贝壳之后的地方》就是一部以震灾创伤为主线、结合其他各类创伤题材的创伤小说，其中对“后3.11”时代日本国民的创伤心理的描写，体现了创伤记忆的身体性、创伤的潜伏性、延迟性和反复性。小说在叙事层面采用了幽灵叙事视角和双线叙事模式，突破了震灾主题的局限，丰富了小说的主题与内涵。

［关键词］创伤；后3.11文学；灾难文学

1. 前言

创伤一词由来已久，可以说伴随着整个人类文明的发展历程，且随着人类文明的发展，创伤概念的内涵和外延也在不断发展变化。在对创伤的认识上，在19世纪70年代出现过一次重大的转折。在此之前，创伤主要指肉体上的损伤，并随着近代医学的发展逐渐成为一个医学上的专有名词。19世纪70年代，随着现代心理学的发展，创伤的内涵开始由医学领域延伸至心理学领域，并出现了“精神创伤”这一概念。首先，保罗·奥本海姆提出创伤性神经症的概念。在此基础上，精神分析学的开创者弗洛伊德又提出“心理创伤”的概念，并指出它具有潜伏性、延迟性和反复性三大特点。弗洛伊德的研究打开了人类通往潜意识世界的大门，极大地拓展了人类对自身的认知，且对此后社会科学各个领域，如文学、哲学、伦理学等学科都产生了深远的影响，为后来的人文学科提供了新的研究路径。20世纪前半叶，人类世界频繁

* 基金项目：教育部人文社会科学研究“日本‘后3.11’文学研究”(21YJA752018)项目成果。

爆发战争，致使无数民众遭受精神创伤的折磨，创伤心理学也由此迎来了蓬勃发展的历史机遇。在此背景下，耶鲁创伤研究学派以美国的耶鲁大学为中心形成了，在代表人物哈特曼、卡鲁斯、费尔曼等学者的不懈努力下，创伤理论突破了心理学范畴，发展成为横跨心理学、文学、文化、历史等多学科的跨学科研究。进入21世纪，以耶鲁大学教授杰弗里·C·亚历山大为代表的研究者们提出了“文化创伤”概念。亚历山大认为，“当个人和群体觉得他们经历了可怕的事件，在群体意识上留下了难以磨灭的痕迹，从而成为永久的记忆，根本且无可逆转地改变了他们的未来，文化创伤就发生了。”（刘帅一，2017：95）刘玉认为文化创伤是“一定时间、一定范围内某一群体遭遇的灾害性、恐怖性或毁灭性事件，经过群体内外的共同追忆，形成的一段共享的集体记忆”。（刘玉，2019：引言）与亚历山大的定义相比，刘玉的定义关注到了创伤理论与记忆理论之间的紧密联系，可以说深受耶鲁学派的影响，并且充分体现了近年来相关领域的交叉研究取得的成果。

随着文化创伤理论的兴起，以反映文化创伤为主题的“创伤小说”也应运而生，二者之间存在相辅相成的关系，即“文化创伤是当代小说的重要题材和主题，而创伤小说则是文化创伤不可或缺的载体”。（刘玉，2019：引言）那么，如何来定义创伤小说呢？刘玉提出，创伤小说“是以再现个体创伤性经历或群体灾难性经验为题材，表达身体记忆和集体记忆主题，并且努力尝试用新叙事手法的新次文类”。张婧磊则从文学叙事的角度指出“文学性创伤叙事是作家借用语言文字将创伤经历或创伤事件表述出来的文学创作形式，也是再现创伤事件、表征创伤症候的主要手段”。（张婧磊，2017：12）

2011年发生在日本的3.11大地震给日本带来了巨大的生命财产损失，给日本国民带来了沉重的精神创伤。在那之后，日本文坛涌现出一批以大地震为创作背景的创伤文学。其中有的作品直接以3.11大地震为主题，有的作品虽然没有直接以3.11大地震为主题，但也在一定程度上反映了“后3.11”时代日本的社会特征及日本国民灾后的精神状态，有学者称之为“后3.11文学”。这些作品从各个角度，运用写实或虚构的创作手法，反映了“后3.11”时代日本面临的各种社会危机，描写灾后日本人的生活状态与精神状态。因此，研究“后3.11文学”能够为我们了解日本当代社会提供一个重要的参考。

石泽麻依的小说《贝壳之后的地方》2021年获第165届芥川奖，它是一部典型的反映震灾创伤的“后3.11”小说。小说采用第一人称叙事，主人公“我”是一位年轻女性，在经历了3.11大地震后远赴德国小城哥廷根留学，在异乡长达九年的时间里“我”封存了有关大地震的记忆，直到在3.11大地震中罹难的大学同学野岛成为幽灵来到这座小城。野岛的出现不仅唤醒了“我”尘封已久的震灾记忆，也打破了小城的平静生活，引发了一系列异象的发生，历史上的战争创伤、现实中的疫情创伤、个人的家庭创伤和疾病创伤交错呈现，人们在相互的慰藉中直面创伤，最终勇敢地走出创伤。这是一部以震灾创伤为主线、结合其他各类创伤的创伤小说，本文试图在创伤理论视角下对这部作品进行分析和解读。

2."后3.11"时代的创伤表现与特征

2.1 创伤记忆的身体性

在小说的开头,在哥廷根留学的日本女孩"我"在车站等一位特殊的"故人"。这位"故人"是一个幽灵,生前名叫野岛,和"我"曾是大学同窗,家住福岛县海边的一个小渔村。3.11大地震发生时,他全家都被海啸卷入大海无一生还。当野岛拖着行李箱缓缓向"我"走来,尘封已久的震灾记忆重新被开启,"我"的思绪回到了2011年3月11日那天。地震发生时,"我"在仙台的家中墙壁开裂,浴室的瓷砖掉落,家具倒在地上,瓷器几乎全部摔碎。到了晚上,海啸遇难者的消息陆陆续续通过手机传来,"勉强握在手中的信息小窗口,将我留在黑暗和混乱中沉默不语。居住在海边的朋友们的面庞这才浮现在眼前,在弥漫着不安和恐惧的黑夜中成为残存的影像"(石沢麻依,2021:316)不久,"我"得知野岛的家乡遭到了海啸侵袭,一家人都被卷入大海之中。整整九年过去了,野村的尸体依然不知所终。

小说围绕"我"关于3.11大地震的记忆展开。围绕记忆展开叙述,是创伤小说的一般写作形式。创伤小说有关"记忆"的主题包括身体记忆和集体记忆。"身体记忆即身体故事,是有关身体反应和身体经历的叙事。"(刘玉,2019:47)身体就是一个容器,存储人们的创伤记忆,即使某段记忆有意无意地被淡忘,我们的身体依然会找到其他的表达方式,比如身体反应和身体反射行为。在小说中,大地震造成的心理创伤以上述两种方式反复出现。

> 支撑头脑中记忆的是身体的记忆。通过不断地重复,像一颗黑痣般烙印在身体上。
>
> 三月那天的记忆,没能在视觉上留下什么。但恐怕大地震的印象已经刻在了身体的各个角落。右手。残留着安抚爱犬因惧怕余震而颤抖着的脊背的触感。不停地抚摸它因陷入失眠而失去油光的毛皮。漆黑的深夜里,摸索电灯开关的下意识习惯和对黑暗的恐惧。左手。因长时间排队食品袋嵌入手指的疼痛和红印。收拾破损瓷器时传递到指尖的冰冷和红色印记。在避难所唯一的水龙头处排队,用矿泉水瓶接住四溅的水花时被打湿的冰冷。耳朵。街道失去了车水马龙后的虚空。人们试图收集碎片化信息的交谈。(中略)双腿。因饥饿和寒冷在排队求购食品的"长蛇阵"中打着哆嗦。经历过食物匮乏的一部分消化器官,此后依然不停地控诉饥饿。鼻子。对食物的香气极其敏感。宅在家里的身体发出酸臭味。旧书籍发霉了的时间。皮肤。无法清洗的皮肤上积了一层厚厚的沉淀物。针刺般的寒冷。(石沢麻依,2021:339)

震灾对"我"而言,不仅是存在于脑海中的抽象记忆,而是"刻在了身体的各个角落",身体每一个部位都如同记忆的存储器,存储着大地震的种种记忆。有触觉的记忆、有听觉的记忆、也有嗅觉的记忆;有关于寒冷的记忆、有关于饥饿的记忆、也有关于疼痛的记忆;有的体现为身体反应、有的体现为身体反射。这段文字凝聚了身体各个部位、各种感官的震灾创伤记忆。这种关于身体记忆的描写时常以倒叙或插叙的手法穿插于小说之中，使身体记忆打破了线性时间机制，自由穿梭于非线性的虚构时空里。作者通过这种身体叙事参与到集体记忆的建构中，具象化了“后3.11”时代的文化创伤。

2.2 创伤的潜伏性、延迟性和反复性

“心理创伤的后果导致记忆向两极发展，一方面为遗忘，人们总认为，过去的事情，就让它过去吧。而另一方面，记忆以增强的闪回方式存在，你想忘记也忘记不掉”。(朱迪斯·赫尔曼，2015：推荐序一)在作为幽灵出现的野岛在“我”就读的德国小城哥廷根现身之前，大震灾造成的心理创伤于作品中的“我”而言体现为“遗忘”。

> 我决心在哥廷根临时扎下根来，是出于地面从不摇晃的安心感。长年生活在东北地区，身体养成了第一时间察觉地面微小震动的能力。九年前的那场大地震磨炼了我们对地面晃动的感知力，同时我们只能无可奈何地去适应地面和脚下频繁的小幅晃动。(中略)
>
> 每当漫步在德国的街道，都能感受到对于地面的新鲜的信赖感。这种感觉就像孩子怀着赤子之心向父母投去信赖的目光。每当踏入陶器店或葡萄酒店，都会注意到整面墙层层叠叠的陈设架。那里有以安稳为基础的美学。无须特别注意防范地面摇晃引起的物品坠落，一切沿袭着静物画般的配置。被绘画般的均衡性所支撑的瓶瓶罐罐，于其间绽放着无比鲜艳的笑靥。(石沢麻依，2021:325)

生活在欧洲大陆的人们对于陆地有着天然的信赖感，而这种信赖感是从小生活在地震带的“我”极度匮乏的。“我”以“遗忘”的方式暂时修复了大地震带来的心理创伤，在异国他乡的土地上开始新的学习生活。但这种心理创伤并没有被完全治愈，只是暂时封存在了记忆深处。弗洛伊德很早就指出心理创伤具有三大特点，即潜伏性、延迟性和反复性。“我”对震灾记忆的“遗忘”，体现的是心理创伤的潜伏性；以野岛的出现为契机，震灾记忆的恢复则体现了心理创伤的延迟性。“与野岛重逢后，我一直游荡在记忆中。昨夜，又梦回那个三月。每当在一个又一个的记忆片段中穿梭，记忆的断点重新与身体连接，梦醒时分总能真实地嗅到自己房间的味道，感受到曾经辗转反侧的床铺的触感”。(石沢麻依，2021:324)以野岛的幽灵出现为契机，短暂封存的震灾记忆以“闪回”的方式不断在“我”脑海里浮现，则体现了创伤具有反复性的特点。野岛的到来虽然打开了“我”的记忆之门，“我”和自身的记忆之间却存在着难以克服的“时差”，“我”仍然处在“失语”的状态，无法对外人重述关于大地震的创伤故事。创伤无法被重述，是因为“创伤携带着一种使它抵抗叙事结构和线性时间的精确力量。由于在发生的瞬间没有被充分领会，创伤不受个体的控制，不能被随心所欲地重述，而是作为一种盘旋和萦绕不去的影响发挥作用。这种影响不仅持续地、侵入似的重返，而且只有在延迟的重复中才能被第一次经历”。(安妮·怀特海德，2011:5)

综上,“我”在德国留学期间对震灾经历的刻意回避体现了创伤的潜伏性;野岛到来后,震灾记忆的复苏体现了创伤延迟性;创伤记忆的重复闪回体现了创伤的反复性。

2.3 幸存者心理障碍——生者对于死者的负罪感

以“我”和泽田为代表的震灾幸存者出于生者对于死者的负罪感,此后不约而同地把目光投向人类的苦难和救赎。“我”在德国攻读学位的研究课题是“中世纪以后十四救难圣人画像在德国的发展与信仰”,这十四位圣人是基督教传说中的殉道者,是人类苦难的化身。“我”的大学好友泽田和晶纪子也不约而同地选择了和人类的“苦难”相关的论文选题,泽田的硕士论文研究的是画家尼古拉·普桑——一位以在田园牧歌式的风景画中融入死亡意象而著称于世的画家。晶纪子研究15世纪天主教的圣遗物及其容器,特别是“圣厄休拉的圣遗物箱”。所谓“圣遗物”包括基督、圣母及圣徒们的遗骸和遗物,甚至包含他们受难之际刑具的残片。

大地震给“后3.11”时代以“我”为代表的幸存者造成了巨大的心理创伤。留学德国后,欧洲大陆的地壳稳定性给了“我”心理上的安全感,但并不意味着“我”完全走出了大地震带来的心理创伤,这种心理创伤体现为生者对死者的负罪感。身在德国的“我”常常感觉,“随着身体和感觉适应了没有地震发生的这片土地,我愈来愈感受到语言的厚重正远离自己。每当在网络上看到日本发生地震、台风或暴雨的消息,怀疑都会留下清晰的痕迹。那种感情背后,或许有当日的记忆、今日的遗迹,以及背叛野岛般的语言感觉。”(石沢麻依,2021:328)作为生者,作为幸存者,“我”在内心对野岛有负罪感,这种负罪感宛如一道天堑隔开彼此,再度与作为幽灵出现的野岛重逢后,双方都尽量回避有关那次震灾的话题,保持着心理上的疏离状态,“我”感觉难以开口问他遇难时的情形。某天早晨睡醒的时候,“我”发现后背上长出了牙齿。

> 后背上长出的记忆象征物,在阳光的照射下闪着光。或许因为一直想诉诸语言,后背就长出牙齿状鳞片,试图替我发声吧。关于幽灵野岛。关于远去的地震记忆。(中略)对野岛的罪恶感,才是痛苦的本源。因我无法正视他。我不住地叩问自己的良心,这些年是否一直以旁观者自居。我惧怕野岛看穿这一点。(石沢麻依,2021:371)

“我”认为后背上长出的牙齿是记忆的象征物,要把压抑在内心深处的震灾记忆“诉诸语言”。并且,“我”把自己“痛苦的本源”归结为“对野岛的负罪感”,这是典型的“幸存者心理障碍”。所谓“幸存者心理障碍”是一种创伤,是指经历创伤事件后个体产生的心理上的不适应症状,它通常包括愧疚感、负罪感,所以也被称为“幸存者内疚”,属于创伤后应激障碍的一种,通常出现在创伤后的一年乃至几年的时间里。在某种意义上,长年生活在地震带的所有日本国民都是震灾的幸存者。小说中“我”对于死难者的内疚和负罪感,不仅是个体的心理创伤,同时也是“后3.11”时代日本国民的一种集体无意识的创伤,是文化意义上的“集体创伤”。因此,小说中的“我”应对创伤的方式和心态变化过程,也映射了日本国民的灾后创伤应对方式。从回避创伤到直面创伤,从封闭缄默到努力表达,从被动承受到主动寻求疗愈,这不仅是“我”面对创伤的心路历程,也是日本国民试图走出震灾创伤的艰难尝试。

3. 创伤的叙事特征

3.1 幽灵叙事视角

小说的作者石泽麻依作为土生土长的仙台居民,从小学到研究生的整个学生时代都在仙台度过,是3.11大地震的亲历者。在获芥川奖后的访谈中,作者坦言:

> 虽然我曾在被称作受灾地的地区,但也并没有因海啸和核电事故流离失所。因此,无法以这些地区为舞台来创作小说。这是我选择震灾为主题的一个大前提。
>
> 另一方面,我身边没有(大地震的)罹难者,但看到沿岸地区搜索失踪者的新闻,阅读震灾后灵异体验的研究和纪实文学就产生了这样的想法:可谓亡灵回归?如果迎接亡灵的人也消失在大海里,谁来迎接亡灵?
>
> 在我这部作品中,幽灵被赋予了重要的功能,但我不能轻易使用。还有很多人在等待(失踪的亲人)回家。我想创作一部小说,写家人、亲人、恋人回家的小说。(石沢麻依,2021:296)

在这部作品中,作者为我们讲述了一个幽灵回归的故事。其实在作品中,作为幽灵的野岛出现的次数可谓寥寥无几,只在小说的开头和结尾部分参与到故事中,而且对自己在那次大地震和海啸中的遭遇守口如瓶。但是,他的出现就像倒下的第一张多米诺骨牌,在德国小城引发了一系列异象。如“我”的合租女友艾佳莎饲养的宠物犬展现出不可思议的收集癖,在经常散步的森林里陆续挖出一些“显然曾和某些人的生活密切关联却又被剥离开的生活物品”,有拐杖、玩具、锈迹斑斑的杯子、提手坏了的水桶……这些物品让“我”联想到震灾后的海边:

> 物品都变了形,丧失了用途,失去了使用这些物品的人,甚至他们的名字也正在消失。这些物品虽残留着外观和形状,却已不在时间的长河中,不得不在前面加上“曾经”二字来。这些物品的内部蕴含着与记忆相关的语言。人偶和鞋子、车子和书包、衣服和书本、书桌和柜子。这些并不是单纯的一个个名词。那里有从时间中被抹杀的某人曾经的片段。(石沢麻依,2021:344)

3.11大地震后数年,福岛震灾区的生活垃圾顺着洋流漂洋过海出现在异国海滩,这样的新闻时有耳闻。这段描写难免让人联想到3.11遇难者的遗物。如前所述，幽灵野岛的出现激发了"我"对震灾遇难者一直以来的愧疚感与负罪感。幽灵野岛代表着3.11大地震无数死难者，而"我"是震灾幸存者的代表。因此，"我"对野岛的愧疚感与负罪感象征着日本民众对震灾死难者的"幸存者心理障碍"。

传统的现实主义手法在表现创伤方面显得力不从心，而"文学虚构作品提供了能够清楚表达创伤的阻力和冲击力的灵活性和自由。(中略)为当代小说家提供了一种传达创伤的非现实、同时又忠实于历史事实的富有前途的手段。"(安妮·怀特海德，2011：99)以幽灵为叙事者，这是作者精心设计的叙事视角，幽灵野岛的出现勾起了"我"的创伤记忆，并推动了故事情节的发展。正如现代创伤理论的奠基人卡露斯所说，"如果创伤完全可以接受叙述的规划，那么它就需要一种与传统的直线顺序分离的文学形式。一个时间突然闯入另一个时间被卡露丝塑造为一种占据和缠绕的形式。鬼魂是时间断裂的恰当体现，是过去在当下的浮现。(中略)在当代小说中，鬼故事被重新改写以探究创伤作为精神着魔的本质。鬼魂具体表达或实体化了新近的历史创伤，代表了一种集体和文化困扰的形式。"(安妮·怀特海德，2011：6-7)作为幽灵的野岛"具体表达或实体化了新近的历史创伤"就是3.11大地震给日本国民造成的心理创伤，而且是以"集体和文化困扰的形式"，即它属于"集体创伤"和"文化创伤"的范畴。

3.2 双线叙事模式

作为一部以3.11大地震为主题的创伤小说，其对创伤的描写并没有局限于震灾创伤。首先，小说创作于新冠疫情席卷全球的特殊时期，对疫情期间社会状况的描写亦穿插于整部小说。在叙事上，小说采用了现在与过去、现实与虚构相互穿插的双线叙事模式。在现实中，"我"正在留学的德国小城哥廷根正遭受新冠疫情的袭击，在小说的现实叙事部分穿插了与新冠疫情有关的描述。如在"我"去接野岛回来的途中，对疫情下的哥廷根小城有如下一段描写：

> 三月以来，"新冠"这个带有陌生感的词留下的阴影，一不留神发展到了无可挽救的地步。"上个月发生了集体感染，现在情况又有所缓和。很快，街道上的行人就会多起来。"听我这样说，他轻轻点了下头。紧急状态刚有所缓和，感染人数又会突然上升，街道的氛围立刻就会受影响。虽然紧张情绪有所缓和，却有一种情绪挥之不去——仿佛有一扇大门就在眼前被关上而怅然若失的感觉。从缓和到紧张的迅速切换，使现实感出现了巨大的裂缝，倒时差般的感觉让这个城市变得不透明。(石沢麻依，2021：312-313)
>
> 经历了几个月的封锁，对人员和物资的流动限制刚一放松，马上就会如实地反映在情绪上。其结果是，六月发生了集体感染。由于儿童不像大人那样被强制要求戴口罩，在室外根本不在意保持社交距离，让嘴巴暴露在空气中。(石沢麻依，2021：329)

"新冠""封锁""紧急状态""集体感染",这些词语能迅速把读者拉回疫情特定的时代背景下。疫情导致了物资严重不足,"三月中旬,日用品依旧供应不足。超市的部分货架像被虫子啃过了似的,抢购引发的供需失衡招致人们强烈的不满。"(石沢麻依,2021:330)各个超市前排起的长龙,"激活了深深印刻在我身体的其他记忆。长长的队伍……密集和距离……(中略)我的语言开始躁动不安。在疫情严峻的三月,我的身体回忆起九年前那个三月的片段。"(石沢麻依,2021:331)新冠疫情下的现实解锁了潜伏在"我"记忆深处的震灾记忆,把"我"的思绪拉回到3.11大地震。小说采用双线叙事模式,运用倒叙和插叙的手法,在过去和现在、震灾和疫情之间频繁地切换,突破了震灾主题的局限,反映了当下全球饱受疫情之苦的现实性。

除了现实中的疫情,作者还穿插描写了德国小城哥廷根历史上所受的战争创伤。第二次世界大战中的哥廷根作为德国的物资运输枢纽遭受了八次空袭,整个城区化为一片焦土,人员伤亡惨重。野岛到来前,哥廷根是一座宗教氛围、艺术氛围浓厚的德国文化小城。以野岛的到来为契机,在这座小城发生了一系列不可思议的神秘现象,而这些现象指向历史上的战争。如市中心广场散发出烟熏火燎的气味。1933年5月,纳粹在此"焚书"。广场上的石碑上刻着"焚书者,终被焚"的警句;地底深处隐隐传来战争时期的枪炮声。整座小城作为战争的见证者,处处残留着战争的印迹。街头巷尾矗立着许许多多的纪念碑,记录着战争记忆。这些场所通过记忆的视觉化,重现了战争中死难者的声音。

小说中的人物各怀着各自的创伤。"我"参加了当地退休教师厄休拉创办的读书会,因每周四举办,故称之为"木曜会"。(日语中星期四为"木曜日"。日本近代大文豪夏目漱石曾于家中举办"木曜会"以文会友,在此有致敬之意。)"木曜会"成员的名字都以基督教传说中殉教圣女们的名字来命名,分别是厄休拉、爱佳莎、芭芭拉、埃格尼斯、露琪亚和卡特琳娜。在基督教传说中,她们因忠于耶稣反抗异教徒而惨遭酷刑,她们本身就是人类"创伤"的代名词。"木曜会"的发起者厄休拉作为哥廷根当地人背负着小城曾经经历的战争创伤,她就像一位守护者,默默守护着这座小城过去承受的所有创伤。她带"我"参观了作为战争创伤记忆载体的历史遗迹。如圣阿尔巴尼亚教堂的中庭,1942年无数犹太人在此踏上送往集中营的火车;圣雅各布教堂附近一座建筑物前的石板上,刻着曾在此居住的犹太人的名字……小城到处布满犹太人在战争中的血泪记忆,这些历史遗迹构成一整套指向战争导致的"集体创伤"的文化符号。"'回忆形象'不仅包括那些图像性的文化符号,而且将那些叙事性的形式也囊括了进来,比如神话、谚语、经文、绘画,甚至一条街道、一座建筑等,都成为'回忆形象'的载体。"(王蜜,2016:12)遍布小城哥廷根街头巷尾的教堂、广场、建筑物和纪念碑都属于"回忆形象"的载体,它们构建起一个皮埃尔·诺拉所说的"记忆之场"的物质层面,共同承载了德国民众关于第二次世界大战的创伤记忆。

除了以震灾创伤、疫情创伤和战争创伤为代表的宏大叙事外,小说对私人领域的个体创伤亦有所涉及。如埃格尼斯是一位来自单亲家庭的12岁少女,因患有严重的哮喘病饱受周围的冷眼与歧视，患病经历使她对人际关系表现出异常的冷漠，这是疾病创伤；她的母亲芭芭拉作为一个单亲妈妈独自挑起抚育孩子的重担，孩子生病导致的极度敏感给她造成了很大的精神压力，这是家庭创伤；爱佳莎因乳腺癌晚期的母亲在自己看护期间上吊自杀而陷入长期的内疚和自责，卡特琳娜缅怀夭折的弟弟，这些是亲人逝去带来的创伤。

可见，小说描绘的创伤有震灾创伤、疫情创伤、战争创伤、疾病创伤、家庭创伤，涵盖了人类社会的主要创伤类型。相比肉体上的创伤，作者更关注精神上的创伤，并试图多维度、多层次地对人类面对的这些精神创伤展开探讨，使小说走出了“3.11大地震”主题的局限，也进一步丰富了作品的内涵。

4. 结语

进入21世纪以来，全球范围内自然灾害频发，特别是2020年初以来席卷全球的新冠疫情对人类社会产生了前所未有的深刻影响。人们不得不重新思考灾难对人类个体及社会的影响，“灾难文学”重新受到关注并进入人们的视野，在世界各国文坛掀起一股热潮。在文学批评界，“灾难文学”正在成为一大研究热点。日本的“后3.11文学”作为世界“灾难文学”中极具国别特点的一个分支，其研究意义和研究价值是不言自明的。灾难不仅能造成人类肉体上的损毁，也会给人类带来无尽的精神创伤，而精神创伤正属于创伤理论的研究范畴。本文尝试运用创伤理论对第165届芥川奖获奖小说《贝壳后面的地方》进行研究，为日本“后3.11文学”研究提供了一个新的理论视角，希望可以为后续研究起到抛砖引玉的作用。

参考文献

[1] 石沢麻依.貝に続く場所にて[J].文藝春秋九月特別号，2020(9)：304-394.

[2] 石沢麻依.受賞者インタビュー「母との『カラマーゾフ事件』」[J].文藝春秋九月特别号，2021.09：296.

[3] 安妮•怀特海德. 创伤小说[M]. 李敏，译.开封：河南大学出版社，2011.

[4] 刘帅一. 论创伤记忆及其文学呈现[J]. 广东外语外贸大学学报，2007(5)：94-98.

[5] 刘玉.创伤小说的记忆书写[M].北京：科学出版社，2019.

[6] 王蜜.文化记忆：兴起逻辑、基本维度和媒介制约[J].国外理论动态，2016：12.

[7] 张婧磊.新时期文学中的创伤叙事研究[M].北京：中国社会科学出版社，2017.

[8] 朱迪斯 · 赫尔曼. 创伤与复原[M]. 北京：机械工业出版社，2015.

作者信息

姓名：邹洁

性别：女

单位：哈尔滨理工大学

研究方向：日本文学

电子邮箱：zoujie94@163.com

Traumatic Writing of the "Post-3.11" Era in Japan Based on *The Place Behind Shell*

Harbin University of Science and Technology　　Zou Jie

Abstract: The 3.11 earthquake in Japan caused huge losses of life and property, severely damaged Japanese society, and caused great mental trauma to the Japanese people. Since then, many literary works called Post-3. 11 Literature have appeared in the Japanese literary world. These works reflect the traumatic atmosphere of Japanese society in the post-3. 11 era by using realistic or fictional techniques. They are a unique type of trauma novels in Japan. The 165th Akutagawa Literature Award winner *The Place Behind Shell* is a trauma novel with earthquake trauma as the main line combining other types of trauma. It reflects the traumatic psychology of Japanese people in the post-3.11 Era and reflects the physical, latent, delayed, and repetitive nature of trauma. In terms of narrative, the novel used a ghost narrative perspective and a two-line narrative mode. The narrative mode combining virtual and real broke the limitations of the earthquake, and enriched the theme and connotation of the novel.

Key words: trauma; post-3.11 literature; disaster literature

中国日语学习者语用逆迁移研究
——以请求行为为例

上海外国语大学日本文化经济学院　郎寒晓

［摘　要］本研究系统分析了不同语言族群在电子邮件中的请求行为，并着重对中国日语学习者的语用逆迁移现象开展了实证研究。结果显示，在中国日语学习者写作的汉语电子邮件中观察到明显的逆迁移现象，具体表现为他们倾向于使用消极礼貌策略，包括“体察”“致歉”“间接请求”等。此外，比起汉语，学习者在日语语境下更加顾虑上下级关系。可见，高水平日语学习者具备了根据不同社会背景、社会距离权势关系等因素去处理语境进行人际交往的能力。

［关键词］逆迁移；话语礼貌理论；请求行为；二语习得；复合能力假设

1. 引言

基于使用的语言观认为，语言系统的建构会受到语言使用的影响。一种语言的使用者若长年旅居国外，在这种失去本族语使用环境的情况下则极易出现母语退化的现象。这种退化若是因为受到外语的影响，则可能在语音、词汇、语法等方面留下痕迹。这种现象被称作“逆迁移”或“反向迁移”（reverse transfer）。T. Odlin（1989：27）对语言迁移做了定义：目标语和其他任何已经习得的（或者没有完全习得的）语言之间的共性和差异所造成的影响。这种影响通常是指在二语习得过程中，母语对外语产生的正负迁移，语言学界的研究也主要集中在这一方面。近年来，随着神经语言学和心理语言学等学科的发展，学界对双语使用者的大脑认知机制有了进一步的了解。V. Cook（1991）提出的复合能力假设（multi-competence）为逆迁移研究提供了新的视角，这种观点认为，双语者的语言能力与单语者不同，复合能力并非多种语言能力的叠加，而是相互联系、相互影响所构成的连续体。不同语言相互之间会产生影响、发生联结，且处在动态变化中。意即，不仅母语会影响二语，反过来，二语也会影响母语。目前，已有部分研究证实了二语对母语的影响，这些研究主要集中在语法、词汇、音素等方面（J. Cenoz，2003；B. Laufer，2003；鈴木，2015等）。

目前，国外逆迁移相关研究数量呈稳步上升的趋势，然而国内逆迁移领域仍停留在初始阶段，研究数量和深度远远不够。其中，李柏令(2009)针对第二语言对第一语言的影响做出了较为完整和系统的论述；吴一安、蒋素华(2006)发现汉英双语使用者在使用汉语口语进行交际时，一些句法结构和词汇使用会显示出英语化的特征。有关语用逆迁移的研究成果有张爱萍(2014)，范燕妮、李柏令(2011)，刘艾娟(2010)等。研究者在汉语本族语者群体中观察到了恭维、应答以及请求等不同言语行为中的逆迁移现象。这些研究成果主要集中在英汉双语，甚少涉及其他语种。在本次研究中，我们以中国日语学习者电子邮件中的请求行为为例，对语篇层面的语用逆迁移现象进行了考察。

2. 请求行为与礼貌理论

请求行为(Request Behavior)是指发出具体请求的一方为了获得某种利益，不带强制性地要求对方做出某种动作的社会性言语行为。Brown, P and Levinson, S.(1987:61)基于礼貌理论(Politeness Theory)对请求行为进行了论述。他们指出，在人际交往过程中，维持双方的"积极面子"(positive face)和"消极面子"(negative face)尤为重要。"积极面子"是指每个人都有被肯定、称赞、许可的需求，而"消极面子"则是渴望与他人保持距离，不被打扰的需求。请求行为发出后，被请求者被迫与请求者建立联系，原先的安全距离被突破，双方面子都面临被打破的局面。基于此，Brown and Levinson 认为，请求行为的本质是一种"面子威胁行为"(Face Threaten Act，简称 FTA)。因此，请求行为对于发出请求者一方来说并非易事，其难度也会因请求和被请求者之间的关系不同而有所差异。他们提出，影响请求行为实施的因素主要包括三个：社会距离(D)，权势关系(P)，事件负担度大小排序(R)。社会距离代表亲疏关系，权势关系则用来表明上下关系。为了构建良好的人际关系，人们在进行请求行为时会使用各种策略来缓和其行为的面子侵略度。

宇佐美まゆみ(2002,2008)在其提出的"话语礼貌理论"(Discourse Politeness Theory)中指出，在不同文化中，特定的言语行为(感谢、拒绝、道歉、请求等)的"基本态"(default)也不尽相同。宇佐美把会话从开始部分到结束部分视作一个整体来考察，基本态则指话语整体的典型展开模式。学习者在跨文化交际中是否会产生交际失误，取决于其是否把握了目标语言的基本态。一个完整的请求行为表述连锁链的语步可能包括：引起注意、前话题插入、开场白、情况说明、辅助行为、请求行为、追加说明、结束会话等若干部分。其中使用频率超过50%的语步可被纳入该言语行为的基本态。在不同的语言中，一种言语行为的基本态也不同(宇佐美，2002)。比如，王静(2010)、大友(2009)、相原(2008)、盧万才(2011)、毋育新(2011)对中日请求行为进行了考察。结果显示中国日语学习者的请求行为中运用了更多"感谢""套近乎"等积极礼貌策略(positive politeness strategy)；而日语本族语者则倾向于使用"道歉"和"体察"一类的消极礼貌策略(negative politeness strategy)。

上述有关中日请求行为的研究多局限于描摹学习者的母语和二语之间的不同，并将这种不同视作学习者语言能力不足的表现。这是由于在以往的研究中多将母语使用者的语言能力视作评判学习者语言能力的唯一标准。在此评判体系下，所有的不同自然都被归为“偏误”或是“误用”。然而，不同于语法或语音上的偏误，语用层面的分歧是否会引发跨文化交际障碍，仍有待商榷。Cook(1991)提出，双语者具备不同于单语者的语言能力，或者说，双语者拥有独特的复合能力；外语学习者不应只是单纯地模仿目的语本族语者的语言使用习惯，而应将成功的双语使用者作为学习的标杆。基于该观点，学习者与二语本族语者所使用的语用策略上的分歧，则应被看作选择上的差异，而非语言能力的差距。此外，以往的研究甚少关注逆迁移现象，多是将目光聚焦在外语学习者的母语对二语的影响上。在本研究中，我们对中国日语学习者的请求行为进行了考察，并基于复合能力假设对存在的逆迁移现象进行了分析。

3. 调查设计

本次研究的语料限定为日常生活中使用的电子邮件。邮件文本和口语语料的差别在于：人们在使用邮件通信过程中无法读到对方的表情，这意味着我们既需要清晰简明地展开话题表达诉求，同时也要在遣词造句中最大限度地保持得体有礼。本次调查设置了两个不同权势关系的具体场景，收集了中日两国大学生在不同场景下编写的电子邮件。

笔者分别于2016年10月、2017年5月、2019年11月进行了三次电子版问卷调查。接受调查的三组对象分别是：汉语本族语者（以下简称CC)；旅日多年的中国日语学习者（以下简称JSL)；以及日语本族语者（以下简称JJ)。各组的具体属性参照表1。

表1　问卷调查对象的属性

组别	属性	人数	平均年龄（岁）	平均日语学习年限	平均旅日年限
CC	汉语本族语者	20	23.8	—	—
JSL	中国日语学习者	20	25.2	6年	4年8个月
JJ	日语本族语者	20	23.4	—	—

注：该表由作者依据调查数据制作。

CC为参与本次调查的大学生和研究生，从未接触过日语学习，也未曾去过日本；学习者组(JSL)的母语为汉语，都通过了日语能力等级测试1级(N1)，且他们在接受调查时均为日本在籍大学生或交换生。此外，参与本次调查的日语本族语者(JJ)就读于日本的大学和研究科，他们从未学习过中文，也从未在中国居住过。在问卷调查中，我们请CC和JJ用自己母语、JSL用汉语和日语按照以下两个场景编写电子邮件并将其发送到笔者的邮箱。1)请与你不太熟悉的同学帮忙准备文化节，2)请与你不太熟悉的老师在文化节上做一个演讲。最后，本次调查一共得到了60份有效问卷，总计30 229个字符。我们从表述连锁链出发，对文本进行了编码处理（见表2)，再运用SPSS对得到的数据进行了独立样本t检验，由此对中日请求邮件的特征做出了总结。该调查完成后，我们从学习者中选出了邮件中礼貌策略运用最多的前6名受试者进行了后续访谈。内容包括:1)你是如何学习日语中的请求行为的;2)你曾经是否学过汉语请求邮件的书写方式;3)你在写汉语请求邮件时是否出现过不知道该如何表达的情况?如果有的话请试着分析其原因;4)在汉语邮件中使用"冒昧打扰了""不好意思""麻烦您了"等表达的原因。

表2 中日电子邮件中的请求行为表述连锁链

表述连锁链的语步	定义	礼貌策略属性	汉语例句
称呼	请求者引起被请求者注意的表述	积极	xx同学/老师
自我介绍	表明自己身份的表述	积极	我是xx
寒暄	打招呼的话语	积极	您好/好久不见
话题引入	与请求无关的话题,借此拉近双方距离	积极	上次真是太谢谢你了/一直以来承蒙您的关照
体察	尊重双方消极面子的表述	消极	冒昧/百忙之中多有打扰
致歉	同上	消极	非常抱歉/实在不好意思
预告	用于提出具体请求前的来意描述	消极	有件事情想麻烦您
情况说明	说明请求经过的表述	——	下周文化节期间会举办一个讲座
间接请求	通过给予对方选项的问句形式进行的请求	消极	能不能请你帮个忙/可以请老师在下周的讲座上致辞吗
直接请求	通过陈述形式进行的请求	——	想请你过来帮忙/想请您在讲座上致辞
确认	通过疑问或假设来询问对方能否接受请求	消极	如果方便的话/请问您有时间吗
回复要求	促使对方回复的表述	——	盼回复/期待您的回复
感谢	表达谢意	积极	总之先谢谢你啦
再次请求	照顾到对方消极面子的表达	消极	拜托了/麻烦你了
祝福	表达祝愿的美好话语	积极	祝老师工作顺利/身体健康
署名	表明身份	积极	xx

注:该表由作者根据调查结果制作。

4. 调查结果与讨论

4.1 各组别的请求邮件基本情况

我们将本次获得的邮件文本按照表2进行了编码处理,计算了每封邮件中各表述项目的出现次数(有1无0)和使用频率,具体结果见表3。我们将每组使用频率大于等于50%(即出现次数大于等于10次)的表述项目提取整合为一个连锁链,将其视作请求邮件在该组别的基本态,则各组在场景1、2中的基本态为:

CC

场景1:【称呼—自我介绍—寒暄—情况说明—直接请求—署名】

场景2:【称呼—自我介绍—寒暄—情况说明—直接请求—祝福—署名】

JSL

场景1中文:【称呼—自我介绍—寒暄—体察—致歉—预告—情况说明—间接请求—确认—回复要求先行致谢—署名】

场景1日文:【称呼—自我介绍—寒暄—体察—致歉—情况说明—间接请求—再次请求—署名】

场景2中文:【称呼—自我介绍—寒暄—体察—致歉—预告—情况说明—间接请求—先行致谢—署名】

场景2日文:【称呼—自我介绍—寒暄—体察—致歉—预告—情况说明—间接请求—再次请求—署名】

JJ

场景1:【称呼—自我介绍—寒暄—体察—致歉—预告—情况说明—间接请求—再次请求—署名】

场景2:【称呼—自我介绍—寒暄—体察—致歉—预告—情况说明—间接请求—再次请求—署名】

表3　各组邮件中表述项目的使用情况

	CC(计20)		JSL(中)(计20)		JSL(日)(计20)		JJ(计20)	
表述项目	场景1	场景2	场景1	场景2	场景1	场景2	场景1	场景2
称呼	20(100%)	20(100%)	20(100%)	20(100%)	20(100%)	20(100%)	14(70%)	18(90%)
自我介绍	18(90%)	16(80%)	20(100%)	20(100%)	20(100%)	20(100%)	15(75%)	16(80%)
寒暄	19(95%)	17(85%)	20(100%)	20(100%)	19(95%)	19(95%)	12(60%)	11(55%)
话题引入	2(10%)	4(20%)	8(40%)	9(45%)	8(40%)	9(45%)	2(10%)	9(45%)

（续表）

	CC（计20）		JSL（中）（计20）		JSL（日）（计20）		JJ（计20）	
表述项目	场景1	场景2	场景1	场景2	场景1	场景2	场景1	场景2
体察	2（10%）	6（30%）	16（80%）	16（80%）	18（90%）	19（95%）	10（50%）	12（60%）
致歉	0（0%）	1（5%）	14（70%）	14（70%）	11（55%）	17（85%）	12（60%）	12（60%）
预告	5（25%）	1（5%）	14（70%）	14（70%）	9（45%）	15（75%）	11（55%）	13（65%）
情况说明	16（80%）	19（95%）	18（90%）	18（90%）	17（85%）	19（95%）	14（70%）	17（85%）
间接请求	7（35%）	5（25%）	12（60%）	12（60%）	16（80%）	16（80%）	13（65%）	15（75%）
直接请求	13（65%）	15（75%）	8（40%）	8（40%）	6（30%）	4（20%）	6（30%）	8（40%）
确认	8（40%）	5（25%）	10（50%）	8（40%）	7（35%）	3（15%）	8（40%）	3（15%）
回复要求	8（40%）	8（40%）	10（50%）	4（20%）	6（30%）	8（40%）	5（25%）	5（25%）
先行致谢	9（45%）	9（45%）	16（80%）	12（60%）	1（5%）	0（0%）	0（0%）	0（0%）
再次请求	0（0%）	0（0%）	2（10%）	2（10%）	18（90%）	19（95%）	10（50%）	12（60%）
祝福	0（0%）	12（60%）	0（0%）	0（0%）	0（0%）	1（5%）	0（0%）	0（0%）
署名	10（50%）	12（60%）	20（100%）	20（100%）	20（100%）	20（100%）	12（60%）	13（65%）

注：该表由作者根据调查数据制作。

4.2 各组礼貌策略的使用倾向

本次调查的三组被试者们的基本态中，均出现了“称呼”“自我介绍”“寒暄”“情况说明”“署名”。而在“体察”“致歉”“预告”“直接请求”“间接请求”“先行致谢”“再次请求”“祝福”等语步的使用上，各组具有较大差异。对此我们进行了独立样本 t 检验。为了弄清学习者组的二语日语是否对母语汉语产生了逆迁移，本次对比检验分为四个部分：1）汉语本族语者

(CC)和日语本族语者(JJ)之间的差异;2)汉语本族语者(CC)与日语学习者汉语邮件(JSL中)之间的差异;3)日语本族语者(JJ)与日语学习者日语邮件(JSL 日)之间的差异;4)日语学习者汉语邮件(JSL 中)和日语邮件(JSL 日)之间的差异。最后的检验结果汇总后如表4、表5所示。

表4 场景1中各组的差异

	CC	JSL 中	JSL 日	JJ
CC	——	体察($p<0.01$) 致歉($p<0.01$) 预告($p<0.01$) 先行致谢($p<0.01$)	——	体察($p<0.01$) 致歉($p<0.01$) 直接请求($p<0.05$) 再次请求($p<0.01$)
JSL 中	体察($p<0.01$) 致歉($p<0.01$) 预告($p<0.01$) 先行致谢($p<0.01$)	——	先行致谢($p<0.01$) 再次请求($p<0.01$)	——
JSL 日	——	先行致谢($p<0.01$) 再次请求($p<0.01$)	——	无差异
JJ	体察($p<0.01$) 致歉($p<0.01$) 直接请求($p<0.05$) 再次请求($p<0.01$)	——	无差异	——

注:"——"代表无须进行检验。该表由作者根据调查数据制作。

表5 场景2中各组的差异

	CC	JSL 中	JSL 日	JJ
CC	——	体察($p<0.01$) 致歉($p<0.01$) 预告($p<0.01$) 间接请求($p<0.05$) 直接请求($p<0.05$) 祝福($p<0.01$)	——	致歉($p<0.01$) 预告($p<0.01$) 间接请求($p<0.01$) 直接请求($p<0.05$) 再次请求($p<0.01$) 祝福($p<0.01$)

（续表）

	CC	JSL 中	JSL 日	JJ
JSL 中	体察($p<0.01$) 致歉($p<0.01$) 预告($p<0.01$) 间接请求($p<0.05$) 直接请求($p<0.05$) 祝福($p<0.01$)	——	先行致谢($p<0.01$) 再次请求($p<0.01$)	——
JSL 日	——	先行致谢($p<0.01$) 再次请求($p<0.01$)	——	无差异
JJ	致歉($p<0.01$) 预告($p<0.01$) 间接请求($p<0.01$) 直接请求($p<0.05$) 再次请求($p<0.01$) 祝福($p<0.01$)	——	无差异	——

注:“——”代表无须进行检验。该表由作者根据调查数据制作。

(1) 中日请求邮件的异同

首先,根据上述结果我们发现,在面对同辈时,CC 没有更多地使用社会规范要求以外的礼貌策略,而 JJ 则明显使用了更多的消极礼貌策略,包括“体察”和“致歉”。顾曰国(1992:14)用了“求同准则” 解释了这一现象:中国文化中,给予、邀请、请求对于说者来说并不是不礼貌的行为,而是把自己的面子暴露给了听者,对于听者来说,不满足说者的要求是驳面子的事,求同准则要求听者尽量“恭敬不如从命”,以取得和谐一致的效果。在此前提下,汉语本族语者用邮件提出请求时,须尽可能用简练清晰的语言表达请求。而日语本族语者在提出请求时,则须尊重对方的消极面子,尽可能减轻对方的心理负担,因此往往会使用“体察”这一消极礼貌策略;而 JJ 使用“致歉”是因为,日本社会中给对方发邮件等于唐突地踏入了对方的个人领域,让收件人承受了心理压力。本次调查结果也侧面反映了日本的体察文化这一特点,因此他们在进行请求行为时往往会抱着很有可能被拒绝的心态。其次,JJ 在实施请求时,倾向于使用“间接请求”来促使收件人回应自己的请求,其中间接请求中出现频率最高的形式是「～しませんか？」。这一形式被认为是礼貌程度相当高的表达(盧万才,2011),其原因是该表述可让对方感觉到接受或拒绝请求的选择自由;而 CC 则较多地使用了“直接请求”。如前文所述,汉语邮件中需要做到的是简明清晰、不失礼数,直接请求通过用陈述句表达自己的需求,比如“我想请你……”等类似表达,以达到让对方尽快清楚自己来意的目的。

另一方面,在面对上级时,CC 和 JJ 之间使用的礼貌策略差异显著;消极礼貌策略在 JJ 组的使用频率更高,而积极礼貌策略“祝福”则在 CC 中的使用倾向更明显。值得注意的是,

“体察”这一策略在CC的两个场景中的使用频率差距较大，CC在面对长辈时“体察”频率达到了30%，而面对同辈时“体察”使用频率仅为10%。然而我们在JJ的两个场景中则并未观察到同样差异。相原(2008)指出，日本社会文化中，即便是对亲近的同辈提出请求，也会产生不想被对方踏足自己领域的强烈欲求；而在汉语环境中，对亲密同辈涉足自身领域的行为并不会产生很大反感。从本次调查结果来看，我们可以把这一结论的适用范围扩大至非亲近关系的上下级之间。也就是说，日本社会文化中的请求行为主要基于尊重对方消极面子的考虑，而中国社会则倾向于优先满足对方积极面子。“先行致谢”是一定程度上预测到了对方回应自己的请求的可能性，因此提前在邮件中表达谢意的内容。我们认为，CC在进行请求行为的时候常默认对方大概率会回应自己的请求，所以才会在邮件结束部分使用“先行致谢”。CC使用“祝福”这一策略可以被认为是沿袭了汉语书信中使用祝颂语的这一固定格式，有维护人际关系的作用。而JJ的邮件结束部分出现频率最高的是“再次请求”，例如「何卒宜しくお願い致します。」，原因是在日本社会中，请求更多地被看作给对方增添负担的行为，故请求方须表示出恳请的态度。综上所述，汉语本族语者在对非亲密的上下级实施请求行为时，使用的礼貌策略较少，且倾向于使用积极礼貌策略，而日语本族语者使用的礼貌策略较多，而且多为消极礼貌策略。我们认为其原因在于汉日社会之间对于被请求者在多大程度上能回应自身请求的这一点上产生的预判不同。

(2) 学习者组的请求邮件特征

从表4、5的统计结果来看，在面对同辈时，比起CC，JSL组的汉语邮件中“体察”“致歉”“先行致谢”“预告”等礼貌策略的频率明显更高。有关前三个语步的功能在上一小节已进行考察，故不再赘述，在此主要分析“预告”。前文提到请求行为的本质是“面子威胁行为”，因此在一封请求邮件的开始部分中使用“预告”是为了缓冲下文中可能会威胁对方面子的内容，如，“有件事情想跟你说”“发邮件是想问你一个事儿”，通过提前告知自己来意的这一举动，希望被请求者能做好心理准备，这也体现了学习者组在提出请求时的体察态度。相形之下，在场景2中，JSL汉语邮件与CC之间存在显著差异的策略与场景1中两者的差异基本重合。此外，CC在场景2中会在文末使用“祝福”。以本次收集到的语料为例，有“祝您工作顺利”或“祝老师身体健康”等表达。而在JSL的汉语邮件中则没有出现此类策略，与之相对的是他们更倾向用“先行致谢”来结束邮件正文。总的来说，JSL在两个场景中的礼貌策略均比CC使用得更为丰富，而且多是消极礼貌策略，且并未过多区分与对方的上下级关系。

另一方面，我们在JSL的日语邮件和JJ的基本情况之间未检测到有意差，也就是说，两者的基本态具有高度相似性。在两个场景下，JSL日语邮件中虽然都大量地使用了消极礼貌策略，但在邮件开始部分，场景2比场景1出现了更多的“致歉”策略。对此我们做了独立样本t检验，结果显示，两者出现了显著差异($p<0.05$)。换言之，JSL对长辈提出请求时倾向使用“致歉”去体现威胁到长辈消极面子的不安和惶恐之情。综上所述，学习者的中日请求邮件都倾向于使用大量的礼貌策略，尤其是消极礼貌策略。相较汉语，他们在用日语进行交际时更

加顾虑上下级关系。

4.3 学习者的逆迁移

如上文所述,在两个场景中,JSL 和 JJ 两者的日文邮件基本态大体一致。这说明,两者在邮件的展开模式上具有极高的相似性,学习者在用日语进行交际时有着日语本族语者言语行为交际模式的影子。然而,在一些具体的策略的使用频率上两者仍存在一定差别。我们对相关礼貌策略进行了 t 检验。结果显示,在两个场景中,JSL 都比 JJ 运用了更多的"体察"($p<0.01$)与"再次请求"($p<0.01$)。以上语步均为消极礼貌策略。也就是说,JSL 在用日语提出请求时,比起 JJ 更加照顾他人的消极面子。在后续访谈中,JSL 也提到在日语交际中"希望尽量保持得体,以免失礼"。在以往的研究中,学习者与目的语本族语者之间的差异多被视为一种过度泛化(over generalization)。学界也多以外语本族语者的交际能力为基准去评估外语学习者的语用能力。近年来,有不少学者开始质疑这种观点,他们认为,外语母语者的交际能力框架可能不适用于解释外语学习者的语用能力(戴沅芳、张绍杰,2015)。通过访谈我们发现,高水平日语学习者着重强调礼貌,他们在用日语进行交际时"不想失了礼数""作为外国人甚至比本国人更要有礼貌"。一方面,这体现了"礼多人不怪"的中国文化;另一方面,也与学习者的身份认同不无关系。此外,JSL 的日语邮件中,"致歉"和"预告"在场景2的使用频率都显著高于场景1,这说明,他们在用日语进行交际时更加顾虑上下级关系,并意识到了不同的社会权势距离下需要区分使用礼貌策略。这意味着,高水平日语学习者已经拥有了根据不同社会背景、社会距离权势关系等因素进行人际交往的能力。

参与本次调查的中国日语学习者旅日多年,在日本拥有稳定的社会关系,语言能力也达到了相当高的水平,甚少产生交际障碍,因此可以认定他们为双语者。Cook (1991) 提出的复合能力假设(multi-competence)认为,多语者不同于单语者,其大脑中具备的多种语言能力呈相互关联的状态。复合能力并非两种或多种语言能力的简单相加,而是相互联系、相互影响所构成的一种连续体。不同语言相互之间会产生影响、发生联系,且一直处在动态变化之中,构成了双语者特有的复合能力,这种复合能力也影响了学习者语用能力的发展。通过本次调查我们发现,高水平日语学习者的语用能力既不完全等同于汉语本族语者,也不完全等于日语本族语者。他们与汉语本族语者拥有较高的相异性与较低的相似性,和日语本族语者则拥有较高的相似性与较低的相异性,但这种相异性并不足以造成跨文化交际失误。在本次研究所得到的数据中,学习者甚至比日语本族语者使用了更多的消极礼貌策略,这说明学习者的语用能力既带有目标语言文化的深深烙印,同时也留有中国文化的痕迹,而多年的旅日经历也影响着他们在母语语境下进行的言语行为。

5. 结语

本研究通过收集两种权势关系场景下三组调查对象(日语学习者、汉语本族语者以及日语本族语者)的请求邮件,分析了汉语和日语中请求邮件的基本态和礼貌策略使用倾向。结果表明,中日请求行为的基本态存在差异。我们认为,这是由于不同群体对发出请求后获得回应的期待程度不同。另外,我们发现,中国日语学习者所使用的交际策略在一定程度上受到了日语的影响。这种影响不仅体现在日语邮件中,也反映在他们的汉语邮件中,这证实了学习者在语用层面上存在逆迁移现象。

参与本次调查的中国日语学习者均为旅日多年的高水平日语使用者,因此,影响其交际策略选择的到底是日语能力(张爱萍,2014)还是旅日时长(鈴木,2015),仍须进一步验证。此外,研究者发现,学习者对个人身份的理解与认同程度也可能对其交际策略的选择产生影响。自主性语用选择与交际中的语用身份密切关联,选择的动态变化也会引起语用身份和自我认同的转变(李文栋、李茨婷,2019)。究竟哪些因素会影响学习者的交际策略选择,这些因素之间又是否存在交互关系,以上这些问题,我们将另文探讨。

参考文献

[1] 相原まり子.依頼表現の日中対照研究——相手に応じた表現選択[J].言語情報科学,東京大学大学院総合文化研究科言語情報科学専攻,2008(6):1-18.

[2] 宇佐美まゆみ.異文化接触とポライトネス——ディスコース·ポライトネス理論の観点から[J] 国語学,2003(3):117-132.

[3] 宇佐美まゆみ.ポライトネス理論研究のフロンティア——ポライトネス理論研究の課題とディスコース·ポライトネス理論[J].社会言語科学,2008(1):4-22.

[4] 王玉明、闕芸.電子メールによる依頼行動に関する日中対照研究——ディスコース·ポライトネス理論の観点から[J].東アジアへの視点,2015(12):53-59.

[5] 大友沙樹.電子メールにおける依頼のストラテジー——日中対照の観点から[J].国際文化研究,東北大学国際文化学会,2009(15):61-72.

[6] 鈴木恵理子.中国人日本語学習者の逆行転移——日本滞在期間に注目して[J].秋田大学国際交流センター紀要,2013(2):3-18.

[7] 毋育新.依頼行動における中国人日本語学習者の問題点——ディスコース·ポライトネス理論の観点からの考察[J].日本研究教育年報,2011(15):41-56.

[8] 李佳盈.電子メールにおける依頼行動[J].言語文化と日本語教育,2004(28):99-102.

[9] 李宜真.依頼の言語行動に関する日中語対照研究——ポライトネスの観点から[J].東北大学高等教育推進センター紀要,2008(3):117-129.

[10] 盧万才.中国人日本語学習者の依頼表現習得状況の考察——日中対照の視点から[J].麗沢大学紀要,2011(92):185-206.

[11] 和田由里恵、堀江薫、北原良夫、吉本啓.日本語学習者の依頼におけるポライトネス·ストラテジー——日本語学習者の母語と日本語の比較[J].東北大学高等教育開発推進センター紀要,2007(3):293-297.

[12] 顾曰国.礼貌、语用与文化[J].外语教学与研究,1992(4):10-17.

[13] 李文栋,李茨婷.投资模式视阈下国际学生身份认同与语用选择研究[J].现代外语,2019,42(6):

755-766.

[14] 李茨婷,任伟.二语语用发展研究的复杂系统建构[J].外国语,2020(5):46-54.

[15] 王静.汉日"请求"言语行为的比较研究——语言环境对请求调控策略的影响[J].日语学习与研究,2010(1):56-63.

[16] 吴一安,蒋素华.汉英双语者汉语口语中的英化特征研究[J].外语教学与研究,2006(3):411-417.

[17] 毋育新.语用学新理论视域下的汉日对比研究方法论[J].日语学习与研究,2019(5):13-22.

[18] 赵华敏."请求"言语行为的汉日比较研究——以邮件和短信为例[J].日语教育与日本学,2012(2):152-160.

[19] 张爱萍.中国英、日学习者汉语赞扬应答言语行为中的反向概念迁移研究[J].解放军外国语学院学报,2014(1):109-117.

[20] B. Laufer. The Influence of L2 on L1 Collocational Knowledge and on L1 Lexical Diversity in Free Written Expression[M].Clevedon: Multilingual Matters, 2003.

[21] Brown, P. and Levinson, S. Politeness: Some University in Language Usage[M]. Cambridge: Cambridge University Press, 1987.

[22] Cenoz, J. The international style hypothesis: L1 and L2 interaction in request behavior[C]. V. Cook. Effects of the Second Language on the First. Beijing: World Book Publishing House, 2009: 62-80.

[23] Cook, V. Evidence for Multi-competence [J]. Language Learning Journal, 1992.

[24] Cook, V. Effects of the Second Language on the First [J]. Second Language Acquisition, 2003.

[25] Cook, V. The Poverty-of-the-stimulus Argument and Multi-competence [J]. Second Language Research, 1991.

[26] Javis, S. Probing the Effects of the L2 on the L1: A Case Study [A]. In V. Cook(ed.) Effects of the Second Language on the First [C]. Clevedon: Multilingual Matters Ltd, 2003.

[27] T. Odlin. Language Transfer: Cross-Linguistic Influence in Language Learning [M]. Cambridge: Cambridge University Press, 1989.

[28] Selinker. L. Interlanguage [J]. International Review of Applied Linguistics, 1972(10):209-231.

作者信息

姓名:郎寒晓

性别:女

单位:上海外国语大学日本文化经济学院

研究方向:日语教育、语用学

电子邮箱:langhanxiao@shishu.edu.cn

A Study of Pragmatics Reverse Transfer of Chinese Japanese Learners Taking Request Behavior as an example

Shanghai International Studies University　　Lang Hanxiao

Abstract: The present study focuses on the pragmatic reverse transfer of Chinese Japanese learners, in particular the request behavior in email writing. The reverse transfer phenomena were observed in Chinese emails written by Chinese Japanese learners. The results show that Chinese Japanese learners tend to use more negative polite strategies, such as "consideration", "apology" and "indirect request" than native Chinese speakers. In addition, Chinese Japanese learners spent more attention on hierarchical relationships while writing Japanese emails, which indicates that they can adjust their language to different social contexts.

Key words: reverse transfer; Discourse Politeness theory; request behavior; second language acquisition; Multi-competence

中国学习者日语“ナ形容词”习得及其中的词频效应*
——以“二字汉字型”及“二字汉字「的」型”为中心

西安外国语大学　李　璐　陈　曦

[摘　要] 本文首先调查了93名中国学习者对日语“二字汉字型ナ形容词”及“二字汉字「的」型ナ形容词”的习得情况。此外，基于日语母语者语料库中两类ナ形容词的使用频次，考察了词频对学习者习得产生的影响。结果显示：(1)两类ナ形容词课题的整体平均正确率为70%，学习者的习得水平中等偏上。其中，二字汉字「的」型ナ形容词课题的平均正确率低于二字汉字型ナ形容词课题的平均正确率，这表明学习者二字汉字「的」型ナ形容词课题中「的」的脱落现象比二字汉字型ナ形容词课题中「的」的过剩使用现象更为常见；(2)无论是二字汉字「的」型ナ形容词，还是二字汉字型ナ形容词，其习得均受词频的影响，这证实了日语二字汉字型ナ形容词及日语二字汉字「的」型ナ形容词习得中的词频效应。

[关键词] 日语；二字汉字型ナ形容词；二字汉字「的」型ナ形容词；语料库；词频效应

1. 研究背景

1.1　日语二字汉字型及二字汉字「的」型ナ形容词

日语中的ナ形容词包括加「的(teki)」的ナ形容词[①]和不加「的」的ナ形容词(羅蓮萍，2003：124；庵功雄，2014：167)。前者如「社会的、横並び的、スーパーマン的、体当たり的」等，后者如「簡単、好き、シンプル、幸せ」等。由上述词例可以看出，以上两类ナ形容词的词干部分既可以是汉字词汇，也可以是和语词汇、外来语词汇或混种语词汇(高橋勝忠，2005：3)。原田登美(2001：102)，王娟、曲志強、林伸一(2001：146)，望月通子(2010a：2)等进一步指出，不论是加「的」的ナ形容词，还是不加「的」的ナ形容词，其词干部分为汉字词的

* 基金项目：本文为陕西省教育厅重点基地项目(项目号：20JZ080)、陕西省教育科学“十四五”规划2021年度课题(项目号：SGH21Q020)、西安外国语大学2021年度科研基金资助项目(项目号：21XWC05)、西安外国语大学高等教育教学改革研究项目(项目号：21BY05)的阶段性成果。

情况最多。其中,尤以二字汉字词居多(山下喜代,1999:26)。

作为ナ形容词中占比最高的二字汉字「的」型ナ形容词及二字汉字型ナ形容词,两者词干部分的二字汉字词大多为中日同形词。从形态上来看,这些中日同形的二字汉字词在汉语中修饰名词时,基本都可以加"的(de)",而在日语中却存在必须加「的」和不能加「的」的情况。如"抽象""巨额"两个二字汉字词,在汉语中均可通过加"的"来修饰名词,构成"抽象的概念""巨额的广告费"等短语。而在日语中,「抽象」修饰名词时必须加「的」,构成「抽象的な概念」,「巨額」本身属于日语的ナ形容词,修饰名词时不加「的」,为「巨額な広告費」。

对中国日语学习者来说,中日同形词较为特殊,其原因在于相同的词形会使得学习者在习得过程中更易受到母语词义及用法的影响(庄倩,2014:52)。曹红荃、仁科喜久子(2006:76)在调查学习者作文中形容词和名词的共起表达时,发现学习者存在「危険的なゲーム」「人力的な物」中「的」的过剩使用现象,此外,还存在「屈辱な歴史」中「的」的脱落现象。望月通子(2010a:11)在调查学习者加「的」的ナ形容词使用情况时,也发现学习者存在「極端的な」中「的」的过剩使用现象。庵功雄(2014:167)指出,对于以汉语为母语的日语学习者来说,「親切的な人」中「的」过剩使用的误用很多,他认为原因在于汉语中的"的"也有修饰名词的用法。他把这种母语与目标语言中形式相同,但用法不同的项目称为「偽の友人」,并认为这种项目要比形式不同的项目更难习得。

针对这一日语习得难点,鲜有研究使用问卷进行一定规模的调查,以厘清学习者两类ナ形容词的具体习得情况。此外,究竟是二字汉字型ナ形容词后「的」的过剩使用现象居多?还是二字汉字「的」型ナ形容词中「的」的脱落现象居多?尚未有研究给出答案。因此,使用一定规模的针对性调查问卷,就中国学习者对日语二字汉字词作形容词时,其后该不该加「的」的判断意识进行考察具有重要的实践意义。

1.2 词汇习得中的词频效应

Ellis(2002)认为语言与其他认知技能的学习是相同的,在处理和加工各类语言现象时,人们会依赖语言分布的频率,进而强调词汇出现频次对语言习得的影响,这便是"词频效应(word frequency effect)"。周丹丹(2014:62)进一步指出,语言学习是基于大脑对遇到过的各种语言范例的记忆。以上论述均强调了词频对二语习得产生的影响。目前,二语习得研究已分析了词频对音系、词汇、句法、语言产出等语言学各个层面的影响(许琪,2012:707),且已有大量实证研究结果证实了词频对二语发展带来的积极影响(崔靖靖、刘振前,2016:57)。其中,词频对词汇习得的影响,是备受关注的研究领域之一(周正钟,2018:66)。

众所周知,词汇习得是一个循序渐进的过程。相关研究显示,二语学习者须在不断重现的语境中接触、使用相关词语,从而掌握不同层面的词汇知识,因而,重现在词汇习得中担任着重要的角色(罗庆铭,2014:98)。Webb(2007)发现,对以日语为母语的英语学习者来说,每增加一次单词的重复次数,学习者就会在单词拼写、联想、语法功能、句法、意义和形式的某一方面取得知识增益。重复十次后,学习者会产生可观的学习收益。Chen & Truscott

(2010)以亚洲英语学习者为对象展开的重复性调查，也在很大程度上支持了Webb(2007)的发现。此外，張婧禕、玉岡賀津雄、初相娟(2018)在调查中国日语学习者中日同形词听写能力时发现，同形词的使用频次对学习者听写正确率的影响最强，认为该结果高度体现了“词频效应”。

在数目众多的日语二字汉字「的」型ナ形容词中，既包含「基本的」这样使用频次高的词汇，又包含「善良的」这样使用频次较低的词汇。在二字汉字型ナ形容词中，既有「重要」这样使用频次高的，又有「沈痛」这样使用频次较低的词汇。使用频次高意味着学习者有机会频繁接触该词汇，而输入次数的增加能促进学习者的理解和加工。因此，本文假设“日语二字汉字型ナ形容词及二字汉字「的」型ナ形容词的使用频次是影响中国学习者习得的一个因素”，并将通过实证研究进行验证，从而为中国学习者日语二字汉字型ナ形容词及二字汉字「的」型ナ形容词的习得指导提供新思路。

2. 研究问题

基于上述背景，本文着重回答以下研究问题：

(1)中国学习者“日语二字汉字型ナ形容词”及“日语二字汉字「的」型ナ形容词”的习得情况如何？

(2)“日语二字汉字型ナ形容词”及“日语二字汉字「的」型ナ形容词”在母语语料库中的使用频次是否影响学习者的习得？

3. 研究方法

3.1 被试

本次实验的被试为93名日语学习者，包括日语专业2年级学生25人、3年级学生54人、研究生12人、教师2人。其中，女性被试79名，男性被试14名。被试年龄的平均值为21.59岁，标准差为3.64岁，最小值为19岁，最大值为43岁。笔者分别于2021年4月、6月，两次以班级为单位，实施了ナ形容词习得情况的调查问卷。实施调查前，向被试说明了调查内容及要求，问卷的完成时间约为40分钟。

3.2 问卷概况及设计流程

本文采用的问卷包括133道题，由两部分构成。一部分如「哲学とはもともと(抽象　抽象的)なものである。」所示，正确答案为必须加「的」的课题，即“二字汉字「的」型ナ形容词课题”，若这类课题中出现判断失误的情况，则说明学习者存在「的」的脱落现象，此类课题有64道。另一部分如「スターバックスは最近まで，(巨額　巨額的)な広告費は使っていなかった。」所示，正确答案为不能加「的」的课题，即“二字汉字型ナ形容词课题”，若这类课题中出

现判断失误的情况，则说明学习者存在「的」的过剩使用现象，此类课题有69道。该问卷要求被试逐个阅读上述日语短句，并从括号内给出的两个表达中选择一项自己认为正确的。笔者使用 Excel 中的 RAND 随机函数对133道测试题进行了次序打乱，93人调查结果的信度系数为0.859，显示问卷信度较高。

该问卷的设计流程简述如下：(1)基于 BCCWJ 语料库②检索其中出现的“汉字「的」型ナ形容词”及“汉字型ナ形容词”，建立备用词库；(2)从(1)中分别选取100个二字汉字「的」型ナ形容词及100个二字汉字型ナ形容词，且保证上述两类ナ形容词词干中的二字汉字词为中日同形词；(3)使用 BCCWJ 语料库进行验证，确保上述100个二字汉字「的」型ナ形容词词干中的二字汉字词不存在不加「的」直接作日语ナ形容词使用的情况，且确保上述100个二字汉字型ナ形容词词干部分的二字汉字词不存在加「的」的用法；(4)在 BCCWJ 语料库中逐个检索包含上述二字汉字「的」型ナ形容词及二字汉字型ナ形容词的相关例句，每个ナ形容词选取一例拥有完整句意，且不包含过难词汇及语法的例句。最终选出的包含二字汉字「的」型ナ形容词的例句为64句，包含二字汉字型ナ形容词的例句为69句。此处，为避免形容词连体、连用、终止形的差异对学习者的判断产生影响，本文选取的例句中均为两类ナ形容词的连体用法；(5)在各个例句中的ナ形容词处编入“二字汉字”及“二字汉字「的」”两个选项，形成133道题的问卷。以下表1、表2为两类课题中使用的ナ形容词。

表1　64个二字汉字「的」型ナ形容词

基本的、一般的、個人的、最終的、伝統的、徹底的、代表的、客観的、実質的、合理的、典型的、総合的、絶対的、理想的、直接的、専門的、普遍的、抽象的、長期的、批判的、強制的、自発的、消極的、潜在的、人工的、保守的、神秘的、絶望的、致命的、表面的、基礎的、標準的、連続的、実用的、独創的、理性的、集中的、短期的、個別的、統一的、安定的、持続的、重点的、世俗的、開放的、自律的、突発的、内向的、自覚的、特異的、写実的、固定的、先進的、多元的、臨時的、従属的、確定的、独立的、垂直的、冒険的、善良的、相互的、慣用的、緊急的

表2　69个二字汉字型ナ形容词

重要、完全、同様、簡単、単純、意外、確実、奇妙、重大、熱心、貴重、深刻、微妙、有利、強烈、豊富、優秀、特有、広大、新鮮、異様、厳密、率直、不当、顕著、鮮明、温暖、頑固、壮大、広範、厳格、厳重、勇敢、巧妙、露骨、唐突、旺盛、明快、巨額、円滑、寛大、緊密、盛大、切実、適度、良好、謙虚、雄大、堅固、繁華、周到、絶妙、厳粛、激烈、簡略、機敏、微小、頑強、優良、流暢、陰険、緩慢、疎遠、非凡、明朗、沈痛、老練、壮烈、廉価

3.3　基于日语母语语料库的词频检索

Harrington & Dennis(2002：261-268)指出，频次既可以指语言的分布规律，也可以指个体接触语言的经历(周丹丹、徐燕，2014：59)。本文所指的频次为前者，具体指二字汉字型

ナ形容词及二字汉字「的」型ナ形容词在 BCCWJ 语料库中的使用频次。两类ナ形容词的检索形式如下图1、图2所示。以「総合的（ソウゴウテキ）」和「熱心（ネッシン）」为例检索出的频次分别为3 358次、2 084次。

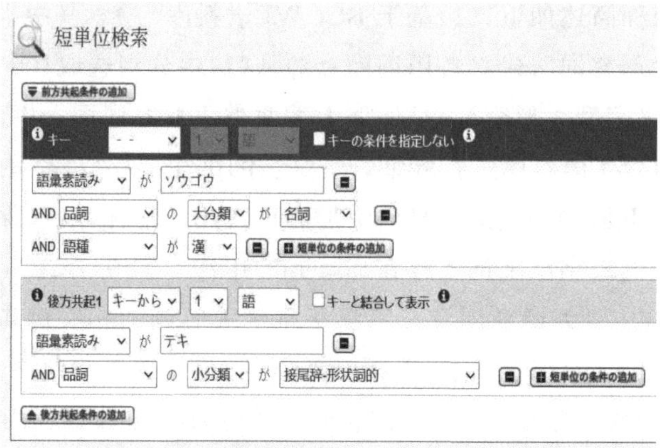

图1　二字汉字「的」型ナ形容词的检索形式

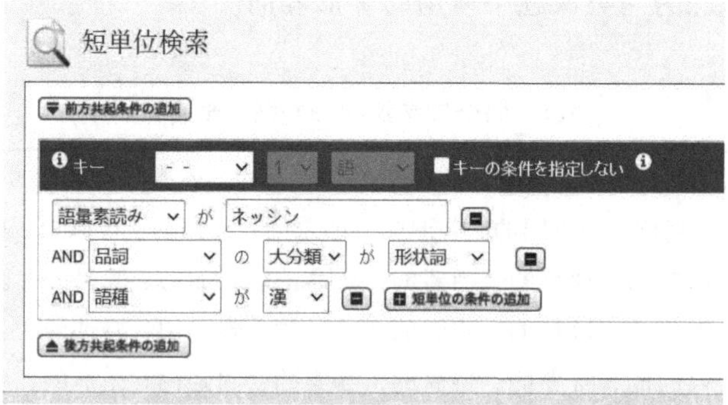

图2　二字汉字型ナ形容词的检索形式

3.4　分析方法

使用 IBM SPSS Statistics 22进行数据分析。首先，基于描述性统计分析结果及独立样本 t 检验分析结果，探讨两类ナ形容词课题的平均判断正确率。其次，使用一元线性回归分析，分别讨论词频对二字汉字「的」型ナ形容词、二字汉字型ナ形容词课题判断正确率的影响。

4. 研究结果

4.1　二字汉字型ナ形容词及二字汉字「的」型ナ形容词的习得

如表3所示，首先，93名学习者两类ナ形容词133道课题的平均正确率为70%，标准差为14%，最大值为96%，最小值为24%。该结果说明学习者对日语二字汉字词作ナ形容词使用时，其后该不该加「的」的认识，存在30%左右的失误。平均正确率的最大值和最小值相差悬殊，说明学习者的判断正确率有较大的项目间差异，即有的ナ形容词条目掌握得较好，有的ナ形容词条目掌握得不够理想。其次，二字汉字「的」型ナ形容词64道题的平均正确率为65%，标准差为16%，最大值为96%，最小值为24%。二字汉字型ナ形容词69道题的平均正确率为74%，标准差为9%，最大值为91%，最小值为53%。该结果说明，学习者存在35%的「的」脱落及26%的「的」过剩使用现象。依据独立样本 t 检验进一步对比两组结果可知，二字汉字型ナ形容词题目的平均正确率显著高于二字汉字「的」型ナ形容词题目[$t(94.47)=-3.89$, $p<0.001$]。二字汉字型ナ形容词题目的平均正确率高说明学习者「的」的过剩使用现象更少，即学习者「的」的脱落现象比「的」的过剩使用现象更为常见。上述结论对应本文的第一个研究问题。

表3　两类ナ形容词课题的平均判断正确率

课题(题项数)	平均	标准差	最大值	最小值
二字汉字「的」型ナ形容词(64)	0.65	0.16	0.96	0.24
二字汉字型ナ形容词(69)	0.74	0.09	0.91	0.53
合计(133)	0.70	0.14	0.96	0.24

4.2　二字汉字型ナ形容词及二字汉字「的」型ナ形容词习得中的词频效应

分别以64个二字汉字「的」型ナ形容词的使用频次（分析前进行自然对数转换）为自变量，以93名学习者二字汉字「的」型ナ形容词的平均判断正确率为因变量，进行一元线性回归分析。结果显示，日语二字汉字「的」型ナ形容词的使用频次可显著预测学习者的判断正确率[$Y=0.07X+0.26$, $R^2=0.31$, ${}_{adj}R^2=0.30$, $p<0.001$]（见图3）。

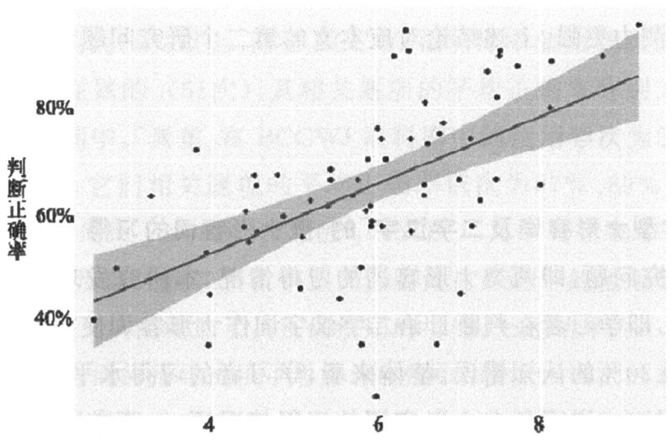

图3　根据二字汉字「的」型ナ形容词词频及其平均判断正确率绘制的散点图

ナ形容词及二字汉字型ナ形容词。

此外,本文还发现,相比于日语二字汉字型ナ形容词,通过日语二字汉字「的」型ナ形容词的使用频次更能有力地预测学习者的习得情况。二字汉字型ナ形容词总量少,在日语中多是作为新单词出现,虽然和汉语具有相同的形态特征,但学习者仍会被要求重新认识其词性、学习其用法。因此,可通过学习者的日语学习时长、日语水平更有效地预测二字汉字型ナ形容词的习得情况。

6. 结语

本文基于问卷调查结果,考察了中国日语学习者二字汉字「的」型ナ形容词及二字汉字型ナ形容词的习得情况。此外,还证实了ナ形容词的使用频次对推测学习者的习得情况起到一定的作用。相关研究结果为两类日语ナ形容词的指导带来了一定的启发。然而,从数据收集的便捷性及分析的可行性出发,本文使用了问卷调查的方式,即仅从理解层面对学习者两类ナ形容词的习得及其中的词频效应进行了考察,而未能通过学习者的作文、口语等实际产出的语料进行应用角度的分析。此外,本文探讨的词频并不是影响日语学习者二字汉字「的」型ナ形容词及二字汉字型ナ形容词习得的唯一因素,今后还应就二字汉字词在中日两语言中的词性对应关系、学习者的日语水平等多个因素展开探讨。

注释

① 日语中的ナ形容词也称“二类形容词”或“形容动词”,本文统一称“ナ形容词”。

②《现代日语书面语均衡语料库》的英文首字母。该语料库是为全面了解现代日语书面语而构建的,是目前唯一的日语均衡语料库。该语料库的字数达1.43亿,涵盖书籍、杂志、报纸、白皮书、博客、在线公告板、教科书和法律条文等文本类型。该语料库使用的分词器为 MeCab,词典为 UniDic(中俣尚己, 2021: 18)。

③ 该语料库的检索及下载上限为10万例。

参考文献

[1] Chen, C., & Truscott. J. The effects of repetition and L1 lexicalization on incidental vocabulary acquisition[J]. Applied Linguistics, 2010(5): 693-713.

[2] Ellis, N. Frequency effects in language processing: A review with implications for theories of implicit and explicit language acquisition[J]. SSLA, 2002(2): 143-188.

[3] Webb, S. The effects of repetition on vocabulary knowledge[J]. Applied Linguistics, 2007(1): 46-65.

[4] 庵功雄.中国語話者の母語の知識は日本語学習にどの程度役立つか——「的」を例に[J].汉日语言对比研究论丛,2014(6):165-173.

[5] 王娟、曲志強、林伸一.「的」付きナ形容詞と非「的」ナ形容詞の分類と意味的特徴[J].山口国文,2001(24):126-146.

[6] 曹紅荃、仁科喜久子.中国人日本語学習者の作文誤用例から見る共起表現の習得及び教育への提言

——名詞と形容詞及び形容動詞の共起表現について[J].日本語教育,2006(130):70-79.

[7] 高橋勝忠.「的」論考[J].英文学論叢,2005(49):1-22.

[8] 張婧禕、玉岡賀津雄、初相娟.中国人日本語学習者は日本語の漢字の書き取りが正しくできるのか?[J].中国語話者のための日本語教育研究,2018(9):52-68.

[9] 中俣尚己.「中納言」を活用したコーパス——日本語研究入門[M].東京:ひつじ書房,2021.

[10] 原田登美.漢語形容動詞についての一考察[J].言語と文化,2001(5):101-117.

[11] 望月通子.接尾辞「的」の使用と日本語教育への示唆——日本人大学生と日本語学習者の調査に基づいて[J].関西大学外国語学部紀要,2010a(2):1-12.

[12] 望月通子.韓国人学習者の日本語作文に見る「的」付き形容動詞の使用傾向と教育への提言[J].外国語教育研究,2010b(5):1-16.

[13] 山下喜代.字音接尾辞「的」について[A].森田良行教授古希記念論文集刊行会.日本語研究と日本語教育[C].東京:明治書院,1999:24-38.

[14] 羅蓮萍.非「的」ナ形容詞と「的」付きナ形容詞の文章中での使用特徴の比較——ナ形容詞の後続パターンの視点から[J].山口国文,2003(26):109-124.

[15] 崔靖靖,刘振前.输入间隔与频次对二语词汇习得影响的微变化研究[J].西安外国语大学学报,2016(2): 56-61.

[16] 罗庆铭.基于教材语料库的词汇重现对二语习得的影响[J].汉语应用语言学研究,2014: 98-110.

[17] 许琪.相对频率对中国英语学习者习得介词与格结构的作用[J].外语教学与研究,2012(5):706-718.

[18] 庄倩.中日同形近义词的产出难易度及其影响因素[J].日语学习与研究,2014(1):52-58.

[19] 周丹丹.频次对词块习得的影响研究:基于使用的视角[J].外语与外语教学,2014(6):62-67.

[20] 周正钟.输入与输出频次对二语语块产出性知识习得的影响研究[J].外语界,2018(2):65-73.

作者信息

姓名:李璐

性别:女

单位:西安外国语大学

研究方向:日语教育学

电子邮箱:13152370006@163.com

姓名:陈曦

性别:女

单位:西安外国语大学

研究方向:二语习得

电子邮箱:chenxi@xisu.edu.cn

Acquisition of Japanese na-adjectives by Chinese speakers learning Japanese and its word frequency effect: Take "two-kanji-teki type" and "two-kanji type" as examples

Xi'an International Studies University　　Li Lu, Chen Xi

Abstract: In this paper, the acquisition of Japanese two-kanji-teki type na-adjectives and two-kanji type na-adjectives by 93 native Chinese speakers learning Japanese was investigated. In addition, based on the use frequency of two types of na-adjectives in a corpus of Japanese native speakers, the effect of the frequency of Japanese two-kanji compound (teki) na-adjectives on the acquisition have been studied. The results indicated that: (1) The overall average correct rate of the two types of na-adjectives was 70%, which shows that the learners' acquisition level is above the middle. The average accuracy rate of the two-kanji-teki type na-adjectives task is lower than that of the two-kanji type na-adjectives task, which shows that the drop-off of "teki" in the two-kanji-teki type na-adjectives task is more common than the excessive use of "teki" in the two-kanji type na-adjectives task. (2) The correct rate of the two-kanji-teki type na-adjectives and the two-kanji type na-adjectives task are both affected by word frequency, which confirms that the word frequency effect in the acquisition of Japanese two-kanji-teki type na-adjectives and the two-kanji type na-adjectives.

Key words: two-kanji-teki type na-adjectives; two-kanji type na-adjectives; corpus; word frequency effe

中高级日语学习者中日同形近义词深度习得考察

成都东软学院　于　心　张智超

[摘　要] 中日同形近义词被认为是汉语母语学习者较难掌握,易出现偏误的词汇类型之一。本研究通过调查学习者对目标语的深度习得结果,验证了学习者在中介语阶段由于无法清晰地划分同形近义词与母语在语义、句法功能等使用范畴上的异同导致词汇的接受性和产出性发生偏差,进而出现"理解正确产出错误"和"理解错误产出正确"的现象,以及完全脱离母语影响以错误的心理表征使用了错误的词形,而出现的"非母语非目标语"的现象。结合学习者的目标语习得过程的考察结果,得出以显性学习为主,配合隐性学习才能深入掌握中日同形近义词的学习方案。

[关键词] 同形近义词;二语词汇习得;深度习得研究

1. 问题的提出

日语中存在着大量的汉字词,其中与汉语词汇形态相似的被称为中日同形词。据施建军(2019)的统计,中日同形词中数量最多的类型是同形近义词。在加藤稔人(2005)、王灿娟(2018)等研究中均证明中日同形词中的同形近义词区别难度最高,理解使用最易出错。因此,同形近义词的习得研究对于日语的教授者和学习者都具有重要的意义。

当前同形近义词的习得研究,主要有以张麟生(2009)、王灿娟(2018)等为代表的学习者词汇产出误用研究和以加藤(2005)、庄倩(2014)等为代表的学习者词汇认知度考察研究及词汇习得难易度研究。以上研究的调查内容多集中在学习者词汇的产出结果上,较少涉及词汇习得过程和词汇接受度等方面的考察。

而学习者从初次接触词汇的词形、词义,到熟练掌握词汇的语境、搭配是一个缓慢积累的过程。词汇的学习效果既受到词汇本身难度的影响,也受到学习者学习习惯、学习时的语境等学习者自身因素的影响。基于上述分析,本研究针对同形近义词习得提出以下两个问题:不同类型的同形近义词在理解和产出上有何特点;不同的学习者受到学习习惯影响在同一同形近义词的理解和产出上有何不同。从研究方法来看，本研究通过先考察学习者同形近义词目标语的产出状况，后针对学习者进行目标语的理解度和习得过程访谈调查的研究方法，来总结不同类型的目标语在习得结果上的差异和特征，以及不同的学习语境、习惯对目标语理解和产出的影响。

2. 先行研究

日本文化厅(1978)从日本教科书中抽取了约2 000个汉字词，依据中日两语语义的异同将其分为：独有词(Nothing，简称 N)，同形同义词(Same，简称 S)，同形近义词(Overlapped，简称 O)，同形异义词(Different，简称 D)四类。三浦昭(1984)又将其中的 O 分为，只有日语中存在独有义项的 O1，只有汉语中存在独有义项的 O2，汉日两语均有独有义项的 O3。

随着中日同形词研究的深入，同形词的词性、句法功能、搭配关系以及词所蕴含的褒贬色彩等也被纳入词汇比较分类时的考虑范围。由此，施建军，洪洁(2013:541)认为：应该从"意义·词性·句法功能·搭配关系"的顺序，逐层分析同形词的异同，并强调同形词近义词并不仅指"意义"不同的同形词，即使"意义"相同若词性、句法功能、搭配关系不同也应划分为同形近义词。

关于同形词近义词的习得研究很少被作为单独的研究课题提出，多是包含在同形词研究中。

加藤(2005)是早期涉及同形词的习得难易度及误用的调查研究中，较具代表性的研究之一。加藤(2005:103)指出：各类同形词中，O 的正确率最低。认为存在共有义项的 O 在初学时较容易，但是，随着学习的深入，学习者很难有意识地识别两语间语义的差异。张麟生(2009:59-68)将词性差异加入同形词的误用考察中，得出了在同形词习得中，学习者不仅在词义上受母语迁移的影响，在词性上同样受母语迁移的影响的结论。王灿娟(2018:138)综合词义和词性两方面因素进行的双重误用研究调查结果显示：在词义有交叉且词性上汉语包含日语的同形词、词性上有交叉且词义上汉语包含日语的同形词、词义和词性均是汉语包含日语的同形词上出现误用的概率最高。

在同形近义词的认知处理考察中，小森和子等(2008:90)以 O2和 D 为目标语分别对高、低两个水平的学习者做了测试，得出了无论是高水平还是低水平的学习者都不能避免被 O 的共有义干扰的结论。另外，小森和子等(2010:184)又以 O1为目标语再次进行了测试。结果表明只有在达到一定的二语水平后，学习者才能正确利用母语知识促进同形词习得。

在以二语习得理论为依托的同形近义词的研究中，庄倩(2014:132)将影响同形近义词产出难度的各个因素结合显性及隐性知识进行的研究显示：O1产出难度低于 O2和 O3，词性相同的难度低于词性不同的。且词汇本身难度和学习者的日语水平都对词汇产出均有明显的影响。得到了随着学习者日语水平的提高，产出正确率相继提高，习得难度逐渐降低的实验结果。

通过以上研究成果可以看出，学习者自身的日语水平和同形近义词的词义、词性及词汇本身的难度均会影响习得结果。但是，现有的研究较少涉及对词汇的搭配关系、使用语境等更深层次的习得调查，另外，针对学习者的学习习惯、学习环境影响程度的研究也尚有较大的进步空间。

3. 调查设计及研究过程

3.1 目标语及被测试者选取

在选取目标语时，为尽量保证目标语全面涉及各类型的同形近义词，本研究主要按照词义划分方法提取：词义相同，但词性或句法功能、搭配习惯和汉语有差异的2个；仅汉语有独有义项的2个；仅日语有独有义项的2个；汉日两语均有独有义项的2个。且目标语皆抽取自2010年—2020年的日本语能力测试N1（以下简称：N1）词汇试题中。目标语及目标语词义、词性划分整理如下：

表1 目标语及目标语划分

目标语	基調	一律	解明	提起	人手	収容	打開	交付
词义	中＝日	中＝日	中＞日	中＞日	中＜日	中＜日	中∪日	中∪日
词性	中＝日	中＜日	中＜日	中＜日	中＝日	中＜日	中＜日	中＜日

（“＝”：两语间几乎没有差异，“＞”：汉语的范围大于日语，“＜”：汉语的范围小于日语，“∪”：两语的范围相互交叉）

为确保本研究的研究可行性，在研究开始前，笔者已于2021年11月5日进行先行试验研究（于心、李东哲，2023：89-98）。但试验研究仅针对目标语的语义进行了理解与产出调查，并不包含词义的调查研究。试验研究的调查对象为在2020年12月的N1考试中取得合格证书的学生。试验结果在确定了本实验可行性的同时，验证了中日同形近义词在学习过程中会出现理解和产出不对等的现象：中日两语间意思相同的部分容易出现“理解正确，产出错误”的情况，意思不同的部分容易出现“理解错误，产出正确”的情况。但由于对学习过程的调查不全面，本研究又补充了学习过程对学习效果的影响研究。

本研究调查对象为6名在校日语系学生，这6名调查对象均为2019年零基础入学的日语专业本科学生，均参加了本校2021年4月至6月的N1试题讲解考前集训，且均通过了2021年7月的N1考试。

以上条件保证了目标语均是调查对象已经学习过的词。且调查对象均为零基础入学并经过2年的学习取得了N1合格证的学生，表明其在日语学习中有主动性，并具有较高的学习能力。

3.2 调查设计及数据收集

调查分为造句产出调查和习得访谈调查两个部分。

造句产出调查(书面测试):要求调查对象使用目标语造2个不同的句子,并尽量做到使用不同的语义和词性。

习得访谈调查(口头回答):以下问题是采访时提问的主要方向,具体问题根据造句测试中的不同词汇的造句结果会做适当的调整。

问1:请用中文解释你造的句子是什么意思?

问2:你是设想什么样的场景而造出了这个句子?

问3:你是如何理解这个词的含义的?

问4:你认为这个词是什么词性的词?

问5:你是否见过或者学习过这个词?(如果回答“有”则继续问下一个问题,如果回答“没有”则停止提问)

问6:请回忆你是在何处,何种情况下接触到这个词的?

问7:你是否还对接触到这个词时的语境或是含有这个词的句子内容有印象?

调查日期为2022年3月25日,在多媒体教室进行。被测试者一起进行造句测试部分,时间为25分钟,在测试中禁止相互询问,禁止借助词典、手机等辅助工具。造句测试结束后,不公布造句结果的正确与否,直接进行访谈调查。访谈调查时不归还手机、词典等辅助工具,并在调查对象6人互不影响的条件下进行,调查时间约为30分钟一人,由一名调查者进行访谈和录音,另一名辅助调查者使用电脑以速记的方式记录访问内容。

调查结束后,经统计,共收集调查对象造句产出的96例句子,提取访谈调查中有效的816句答句。

4. 目标语深度习得调查结果统计方法及结果分析

由于本研究的目标是同形近义词的深度习得,在统计数据时,调查者仅关注了同形近义词使用正误的判断,对句子其他成分出现的错误忽略不计。统计内容包括目标语的造句产出和访谈调查问1-问4的结果。为方便数据收集,调查者首先用大写英文 A-F 对调查对象进行标记,A 造的第一个句子为 A-1,第二个句子为 A-2,以目标语为单位整理分类,以下是目标语「交付」整理后的部分内容。

表2　目标语造句及访谈调查结果1——「交付」

调查对象	造句内容	词义解释	语境设想	词性
C	C-1：地方交付金をもっと増やさなければならない。	一种日本的税金	“我不久前在‘日本概况’这门课上学习过这个词。”	名词
	C-2：税金の交付人に対して手続きを説明している。	纳税人，缴税人	“我知道这个词是和税金有关的。所以我觉得既然税可以叫作‘交付金’，那缴税人也可以叫作‘交付人’吧。”	名词

在表2内容的基础上，从词义和词性两个部分分别对每一个目标语的数据进行统计。统计项目分为“词义产出正确率”“词义理解偏误率”“词性产出正确率”“词性理解偏误率”。“词义产出正确率”指仅从造句产出结果来看词义和词性的使用是否正确。“词义理解偏误率”指访谈调查1中对词义解释及使用语境设想的回答是否有偏误。词性部分和词义部分的划分方式相同。

如上表中的C-1：「交付金」，词义和词性的造句产出均正确，并且在访谈调查的问2、问3中，对词义解释、语境设想、词性的回答也正确，在统计时分别计入“词义产出正确率”和“词性产出正确率”中。C-2：「交付人」，除词性解释外其余均错误，由此判断为造句产出和词汇理解均错误，在统计时同时计入“词义理解偏误率”和“词性产出正确率”。以此类推进行统计，当个别句子中出现的使用方法在参考了词典、语料库后依然无法做出准确判断时，交由2名日语为母语的老师一起商讨给出最终结论。

经统计后结果如下：

表3　目标语理解使用正误比率调查结果

目标语	词义产出正确率	词义理解偏误率	词性产出正确率	词性理解偏误率
基調	75%	8.3%	91.7%	8.3%
一律	83%	16.6%	91.7%	33.3%
解明	41.6%	66.7%	91.7%	8.3%
提起	41.6%	58.3%	100%	0%
人手	83%	0%	100%	0%
収容	75%	16.6%	100%	0%
打開	66.7%	58.3%	100%	0%
交付	66.7%	58.3%	100%	0%

统计结果显示从词义上看，“中＝日”型和“中＜日”型的产出正确率最高、理解偏误率最

低。但四个词均有"理解正确，产出错误"的现象。而"中＞日"型的「解明」「提起」和"中∪日"型的「打開」「交付」的产出正确率均在50%左右，理解偏误率均高于50%，除「提起」一词外均有"理解错误，产出正确"的现象。

相较于词义，调查对象对词性的掌握情况明显更好。除「基調」「一律」「解明」外，其他词在词性产出和词性理解上均没有错误。但「一律」和「解明」两个词有"词性理解错误，产出正确"的现象。

结合"目标语造句及访谈调查结果"和"目标语理解使用正误比率调查结果"，笔者做出以下具体分析。

词义划分中"中＝日"型和"中＜日"型的掌握情况最好，但造句产出正确率和词汇理解偏误率不成正比，有"理解正确，产出错误"的情况。以「基調」为例：

(1)「基調」D-1：このデザインは青を基調としている。(○)
(2)「基調」D-2：今後の経済発展の主基調は工業です。(×)

D对「基調」解释时回答"我记得老师讲过和汉语的'基调'意思一样，所以我造了第一个句子，设计是以蓝色为基调的。就是这个设计偏蓝色，以蓝色为主。然后第二个句子是今后经济发展以工业为主，偏向工业。"，日语中的「基調」一词确实与汉语意思一样，但是"主基调""大基调""小基调"等汉语中的常见搭配，在日语中并不存在，属于词汇使用的过剩化。D虽然对词义理解正确，但受母语搭配习惯影响，使用了错误的搭配关系。

同样正确率较高的"中＝日"型的「基調」和「一律」也有"理解正确，产出错误"的现象。如虽然存在「一律禁止」的表达方式，但是"一律不许"时应用「一切許さない」来表达，而「一律」C-1写出了「一律許さない」的错误用法。

另外「提起」的调查结果显示，部分调查对象造出了中日两语中都不存在的意思的句子。学习者既没有正确理解日语的正确含义，也没有使用汉语的意思，而是用错了词义，出现了非日语也非汉语的使用情况。如B的造句中：

(3)「提起」B-2：私は部長に提起されたから、感謝している。(×)

句中B想要表达"因为我被部长提拔了，所以十分感谢"，将「提起」理解成了"提拔""提携"的意思。同样的情况也发生在其他目标语上，如：「収容」B-2：「飾り物を箱に収容する」中认为「収容」是"收拾和容纳"的意思；「解明」D-1：「正解を解明した」中误用「解明」来修饰十分具体且非存有疑问、未解决的对象物上。

除上述两种现象外，词义产出正确率最低的"中＞日"型「解明」「提起」的词汇理解偏误率也较高，且有"理解错误，产出正确"的情况。如「解明」E-2和「解明」F-1：

(4)「解明」E-2:研究室で、佐藤先生が難しい問題を解明した。(×)

(5)「解明」F-1:どう思っても理解できない不思議な関係を解明した。(×)

「解明」E-2从字面上看「問題を解明した」是正确的,且「問題を解明する」是语料库中出现频率较高的一个词组。但是,E 在采访调查时回答:“学生到老师办公室问问题,老师弄明白并解决了学生的问题。”E 对「問題を解明する」的「問題」和「解明」两个同形近义词的词义理解都有偏误。同样「解明」F-1:「関係が解明された」也是正确的,但 F 解释说:“把关系或者道理解释明了的意思吧。比如说两个人说不清的关系终于解开了,又或者对道理解释说明。”F 对「解明」的含义也理解有误。

与“中>日”型相比 “中∪日”型的「打開」「交付」虽然造句产出正确率略高一点,可也有“理解错误,产出正确”的现象。如 E 对「打開」E-1:「進路を打開する」的解释是“打开前进的道路,设想在战场上,城门被攻破,打开了前进的道路”;A 对「交付」A-2:「証明書を交付します」的解释是“把证明书给交了”等。

经上述分析后得出“中<日”型和“中=日”型词义的接受性高但受与母语重合部分的影响,存在“理解正确,产出错误”的现象;“中>日”型和“中∪日”型因无法划分重合和不同的部分,存在“理解错误,产出正确”的现象。各个类型在中介语阶段均有语义或语境上完全脱离母语和二语的使用范围的情况发生。

对比在词义和搭配关系上出现的各种问题,在词义和句法功能上,仅「基調」「一律」「解明」的产出各有一处错误。

E 把「基調」判断为他动词和名词,造出「平和を基調します」的错误句子,C 则把「解明」视为副词,造出「解明に話そう」的错误句子。较特殊的是对「一律」一词的词性判断,调查对象 C、D 均判断其为副词,虽然在产出中使用「一律に」的形式,但「一律」本身是二类形容词、名词,「一律に」应为二类形容词变形。由此看来,将词性理解和产出中出现的问题归类为调查对象个人知识不足更合适,和母语迁移并无太大关系。

5. 学习者的习得过程分析

为进一步分析学习者显性学习和隐性学习对目标语深度习得所产生的影响,调查者又以学习者个体为单位,对目标语深度习得结果和访谈调查问5-问7的结果进行了横向比较分析。

以调查对象 A 的习得过程统计数据为例,A 所造的16个句子中共有13个被判定为使用正确;6个句子中使用了日语独有义项;在意义、语境的解释上有4个句子有偏误。访谈调查2中 A 在回答目标语习得过程时,明确提出在“课堂上学过”或“上课讲过”等类似表述的次数为8次,表示在“做习题的过程中遇到过”的回答次数为4次,表示在“报纸、小说或漫画”等日语阅读过程中接触过的次数为2次,表示在“看影视或动画片”时看到过的次数为2次。笔者以此类推对余下5人也进行了统计。

因为目标语是调查对象在“课堂”中学习过的词，除F外，“在课堂上学习的”的回答率均高于其他习得过程。其中正确率最高的前三位A、C、D的回答中有与“课堂”有关的表述均超过5次，超过半年后对课堂学习留有印象的比率高说明课堂教学在提高在校学习者的学习效果方面成效显著。

尽管目标语均是课堂中学习过的词语，除D外，其他调查对象均有回答“从未见过目标语”或“对目标语毫无印象”。其中E、F的回答次数最多超过了2次，词义理解偏误率也比A、C、D高。由此得出：即使经过课堂教学，长期不接触的目标语会出现不同程度的遗忘现象，严重的如E和F，对8个词中的2个词已经几乎没有了印象。

习得过程的回答中平均次数第二多的是“在做习题的过程中遇到过”。其中A的回答次数最多为5次，同时A产出正确率也最高，说明显性学习对于提高词汇产出正确率的效果明显。但是A也出现了两次对目标语“理解错误，产出正确”的误用，在针对目标语理解和造句意义阐述时，A有“印象中词典上这么写的，做过的题里有这个句子”等类似的回答。如对「打開」的造句「問題の打開策を探す」解释为“寻找窍门”，但「打開策を探す」其实是“解决问题和打破困境”的意思。A在词汇的理解上有一定的偏误，并且产生偏误的原因可能是仅仅对做过的习题留有印象，实际上并没有完全理解词汇的意思。

同样的问题在词汇使用正确率较高的D中也有体现。通过D的回答可以看出其十分重视课堂学习，并且有定期总结学习笔记的习惯。可是从词汇的活用度，特别是日语独有义项的使用上看，D存在明显的不足。在产出中受母语的影响也较严重，出现多次把母语的使用习惯或搭配形式直接套用在日语的使用中的情况，如「基調」的误用。这说明，只是集中在课堂的学习可能会导致学习者不能正确理解日语词汇的使用情形。从A、D的学习过程和学习效果来看，课堂学习可能会限制学习者的思维，引起一定的语言石化现象。

另外，和A、D形成对比的E、F，其目标语产出正确率虽然低于A、D，但日语独有义项的使用为6人中最高。在词汇习得过程的回答中“课堂”相关表述的出现频率在6人中最低，“学习类书籍或工具书”也仅有2次，但是回答“报纸、小说或漫画”的频率较高、“影视类媒体媒介”的回答在6人中出现的频率最高，说明F在词汇的学习上以附带词汇习得为主。不过在使用中，也更多地出现了“理解错误，产出正确”的情况，可以看出在附带词汇习得的过程中可能出现以自己的想象理解词汇的意思，其实对词汇实际的意思并未完全掌握的现象。

进一步探究词汇附带习得主要媒介的话可以发现“影视类媒体媒介”占比高于“报纸、小说或者漫画”。在调查过程中对调查对象提出“平时以何种方式接触日语”的辅助问题时，有2人回答几乎不看日语书籍，只是偶尔上网看些日语网站。与此形成鲜明对比的是所有调查对象均回答有通过各种视频网站看动画、新闻、日剧的习惯，这也反映出现代学习者主要通过多媒体的手段习得附带词汇，而很少通过阅读习得附带词汇，阅读量不足的状况由此可见一斑。

纵观6人，词汇掌握度最好的是C。C的使用正确率和日语独有义项的使用率成正比，也几乎没有理解和产出的偏差，目标语的习得程度最高。其对目标语学习过程的回答中，除课堂学习外回答次数最多的为“在小说、漫画”的日语阅读中学习过，表明阅读是活化日语词汇使用的有效手段。

综合对以上结果的分析，不难看出，对于中日同形近义词这种虽然有相同意思，但是在实际应用方面较难掌握的词汇，课堂等有目的的显性学习能明显改善学习者对该类词汇的理解和使用情况；习题等学习类书籍、工具书等能辅助词汇学习但不能过度依赖，隐性学习可以提高词汇的活性化水平，帮助学习者渡过词汇石化阶段，但若不以词典为辅助会影响学习者对习得词汇意思掌握的准确性。

6. 结论

综合对两项调查结果的分析，本研究认为造成不同的同形近义词深度习得结果的原因有：1）从词汇学习的认知机制来讲，同形近义词在学习时最易掌握的是和母语语义重合的部分，但因语法范畴和搭配范畴不同，容易出现“理解正确，产出错误”现象。对语义不重合部分的区分是学习时的难点，区分错误会导致“理解错误，产出正确”这一词不达意的情况。还有可能产生完全脱离母语的认知，因错误的心理表征导致“非母语，非目标语”的现象。2）从词汇发展的外部因素来看，学习者在学习的同时未能建立清晰的划分界限，且语言输入在数量和范围上有限，造成语言语境条件下的输入不足，从而导致词汇表式的记忆。词汇学习本身是已有词汇知识的重新构建过程，通过母语和二语的比较、消除歧义，不断更新和记忆的过程。但此次研究表明，多数情况下，学习者仅将记忆停留在词汇接触初期，石化现象较严重，隐形习得资源利用率低，出现了对词汇的运用能力欠佳等问题。

由此，同形近义词的教授者在教学时应适当加入词汇间的比较练习，并着重对两者间的差异特别是应用时语境上的差异进行讲解；学习者在课堂学习时应重点记忆日语词汇本身的意思和使用方法，切勿过多联想汉语词汇的意思和使用方法，同时还须主动利用日语书籍等了解日语语境，加深词汇理解，增强词汇运用能力。

参考文献

[1] 施建军.中日现代语言同形词汇研究[M].北京：北京大学出版社，2019.

[2] 施建军，洪洁.汉日同形词意义用法的对比方法研究[J].外语教学与研究2013，45(4)：531-542＋640.

[3] 王灿娟.中日同形词双重误用研究[M].北京：北京大学出版社，2018.

[4] 庄倩.中国高校日语专业学生中日同形近义词产出难易度影响因素研究[D].南京：南京大学，2014.

[5] 加藤稔人.中国語母語話者による日本語の漢語習得——他言語話者との習得過程の違い[J].日本語教育，2005(125)：96-105.

[6] 日本文化庁.中国語と対応する漢語[M].東京：日本文化庁，1978.

[7] 三浦昭.日本語から中国語に入った漢語の意味と用法[J].日本語教育，1984(53)：102-112.

[8] 小森和子、玉岡賀津雄、近藤安月子.中国語を第一言語とする日本語学習者の同形語の認知処理

[J].日本語科学,2008(23):81-94.

[9] 小森和子、玉岡賀津雄.中国人日本語学習者による同形類義語の認知処理[J].レキシコンフォーラム特集:移動と変化と経路,2010(5):162-200.

[10] 于心、李東哲.中国語を母語とする中上級日本語学習者の同形類義語の習得に関する試験的研究[J].東アジア日本学研究.2023(09):89-98.

[11] 張麟声.作文語彙に見られる母語の転移——中国語話者による漢語語彙の転移を中心に[J].特集作文教育のための語彙研究,2009,140(01):59-68.

作者信息

姓名:于心

性别:女

单位:成都东软学院

研究方向:中日比较文学

电子邮箱:yuxin@nsu.edu.cn

姓名:张智超

性别:男

单位:成都东软学院

研究方向:对比文学研究,日语教学研究

电子邮箱:zhangzhichao@nsu.edu.cn

A Study on the Deep Acquisition of Chinese-Japanese Homographs among Intermediate and Advanced Learners of the Japanese Language

Chengdu Neusoft University　　Yu Xin, Zhang Zhichao

Abstract: Chinese-Japanese homographs are generally recognized as the most difficult part for Chinese learners of the Japanese language, as well as one of the most confusing lexical types prone to mistakes. By investigating the learners' deep acquisition of the target language, this study examines the phenomenon that, in the interlanguage stage, the learners' inability to clearly distinguish the similarities and differences between homographs and the corresponding vocabulary from their native language in terms of semantic and syntactic functions in use leads to deviation in their receptive and productive vocabulary, and they thus suffer from "making mistakes out of right understanding" and "generating the right results out of wrong understanding". The study also analyzes the phenomenon that the learners use the wrong word forms with the wrong psychological representation as they are completely divorced from the influence of their native language, which further results in the phenomenon that they are using "neither their native language nor the target language". By fully leveraging the investigation results about learners' acquisition process of the target language, this study puts forward the strategy for the learners that they can only soundly acquire Chinese-Japanese homographs in depth mainly through explicit learning supplemented by implicit learning.

Key words: Homographs; Second Language Vocabulary Acquisition; Studies on Deep Acquisition

也谈口译动态标准系统的构建

上海外国语大学贤达经济人文学院　田建国

[摘　要] 口译是一种任务导向型的跨语种口头语言转换操作。本文根据先行研究成果和笔者自身的口译实践、教学实际及经验，阐述了口译活动的任务、类型、过程和结果，探讨并构建了一个由六项指标构成的、动态的口译标准系统，可用于评价、指导口译实践和教学活动完成情况，为译者保持、纠错、完善译文，为教师设计口译训练方法和教学方案、编写教材提供重要的参考依据。

[关键词] 口译标准动态系统；等级体系；保真度；保量度；保质度；紧跟度；传递度；完成度

1. 引言

口译是一种口头语言实践活动，可从不同角度对其进行定义。[①] 20世纪口译泰斗让·艾赫贝尔在《口译须知》中从实践角度给口译下的定义是："口头翻译是口译人员把所听到的讲话原文经过自己头脑加工、精制、重新组织以后，再用另一种语言传送给听众的一个传递过程。"他认为，"口译工作的主要和直接目的，就是要使他的听众能够准确无误地理解演讲人员所要表达的思想，并且还要使听众获得演讲人欲施加的印象"，在此基础上，口译人员还应该完成"帮助个人与个人或集团与集团之间能够彼此更好地互相认识、互相了解、互相尊重，在可能的情况下，互相赞同"的任务（让·艾赫贝尔，1982：1）

笔者将基于上述实践和经验的说法，构建一个用以衡量、指导口译实践和教学的口译动态标准系统，就教于方家。

2. 口译的定义、任务、性质

口译是一种促成不同语种人员口头语言沟通的跨文化、跨语种的语言转换操作。

"促成"表明译者不是沟通活动的主角，而是辅助角色，口译的任务不是译者跟说话人、听话人的沟通，而是辅助A语种的说话人与B语种的听话人完成他们之间的口头言语沟通。在这个过程中，译者必须超越不同语种、文化的差异和障碍；"口头语言沟通"表明口译是用语音作媒介的，说话人和听话人通常是面对面或听觉可达的，译者的介入通常是现场的。

因此，设计、构建口译的标准和系统时，必须适应口译的性质、特点，从而利于指导口译实践和教学，利于评价口译结果和口译任务完成的质量。

3. 口译的特点（与笔译比较）

口头语言的翻译是口译，书面语言的翻译是笔译，口译的特点可以通过与笔译的比较得出，而这些特点将成为设计、构建口译标准的指标和体系的重要依据。

过程：笔译始于读（文字），经眼—脑—手的过程后，终于写（文字）。
　　口译始于听（语音），经耳—脑—口的过程后，终于说（语音）。

资源：笔译动用视觉系统和图形识别功能、书写器官。
　　口译动用听觉系统和语音识别功能、发音器官。

语义匹配：笔译的语义匹配过程是"文字（表意文字，如汉字）—语义"或"文字（表音文字，如英语）—语音—语义"。②
　　口译的语义匹配过程是"语音—语义"。

时间：笔译操作时间长、速度慢。
　　口译操作时间短、速度快。

记忆：笔译主要动用长时、永久记忆，忘却慢。
　　口译主要动用瞬时、短时、长时、永久记忆，忘却快。

技能：笔译动用写的技能和功夫。
　　口译动用说的技能和功夫。

手段：笔译辅助手段多（笔记、辞书、工具、咨询）。
　　口译辅助手段少。

现场：笔译译者无须在现场完成辅助沟通任务。
　　口译译者必须在现场完成辅助沟通任务。

互动：笔译的作者、译者、读者一般不直接互动。
　　口译的说话人、译者、听话人一般直接互动（部分会议同传场合等除外）。

环境：外部环境对笔译影响小。
　　外部环境对口译影响大。

译文：笔译译文质量高。
　　口译译文质量低。

效果：读者对笔译质量和效果要求高。
　　听话人对口译质量和效果要求低。

包容：笔译读者通常只能依靠笔译译文理解原文的意思，对译文质量包容度低。

听话人通常可借助身在现场的便利条件理解原话的意思，对译文质量包容度高。[③]

4. 影响口译活动的因素

影响口译活动的因素较多，并呈现出一定的规律性，因此笔者在设计、构建口译的标准和系统时有所考虑和结合。

第一类是说话人因素，分为说话人的自身因素和原话因素。前者主要包括身份、观点、立场、心理、性格、态度、情绪、习惯、举止等因素；后者主要包括话语结构和逻辑的复杂程度、语句长度、口齿、方言口音、音质、音量、内容的专业程度、冷僻程度、难度（综合或个别反映这些因素）等。

第二类是译者因素，主要包括立场、心理、性格、态度、情绪、习惯、举止、生理、体力、健康；素质、知识储备量、水平、能力、技巧、经验、风格、熟练程度、反应速度等。

第三类是听话人因素，主要包括兴趣、立场、目的、对译文的话语回应和行为反馈等。

第四类是与人无关的客观影响因素，主要包括时间、语种、环境、设备、噪声、外部干扰等。

第五类是任务因素，主要包括任务的性质、目的、要求、专业领域等。

如果是口译教学，学生即为模拟译者，因此还有与第二类紧密关联的补充因素——第六类学生因素，包括语言功底、知识储备量、经验、水平、能力、修养、素质、心态、动机等。

这些影响因素的任何一个都可能单独或与其他因素结合介入到口译活动之中，从而对口译活动产生影响。

影响因素与操作难度之间存在相关关系：影响因素产生的正面作用越大，口译操作的难度就越小，正面作用越小口译操作的难度就越大（即负相关关系）；相反，影响因素产生的负面作用越大，口译操作的难度就越大，负面作用越小口译操作的难度就越小（即正相关关系）。

5. 标准指标和系统的参照、设定及“度”“系统”概念的引入

针对先行研究中在口译的相关评价标准方面已经取得的一些成果，笔者大致归纳出了以下几种观点。

首先有准确、通达、优美（让·艾赫贝尔，1982：21）；准、顺、快（李越然，1983(1)：37）；准确、晓畅、迅速（田建国，1985(7)：5-9）；信、达、速（王学文、刘延立，1993：8-9）；准确、易懂、亲切、不必全译（小林淳夫，1998：19-20，23-27）；全面、准确、通畅（许慈惠，2011：1）；（交传）准确、通顺、及时，（同传）达意、通顺、迅速（宋协毅，2012：19）等口译标准。此外还有笔译的标准信、达、雅（严复，1981：xi-xiii）；形式上移译“文调”，内容上忠实原文（二葉亭四迷，1994：44）；

(翻译)忠实、流畅、艺术(徐家驹,2014:1)等。

《口译评估》(蔡小红,2007:24)从口译质量评估的角度把当时古今中外涉及口译质量评估的标准大致归纳为可信度、可接受度、简明度、多样性、迅捷度、技术性六个基本指标,并在此基础上拟订了五个口译质量评估可借助的基本变量参数:信息的忠实度、语言表达的准确度、译语发布的流利度(时间变量)、交际策略使用的灵活和有效度、口译使用者的满意度,且“五个变量的权重比例因不同的口译任务而异,它们的数据相加之和应当是质量量化的分值”。

《翻译标准的多元互补论》[辜正坤,1989(1):18-19]主张笔译翻译标准是多元化的,各标准处在互补关系之中,在相互的有机联系中形成系统,这一系统就是翻译标准系统,即绝对标准——最高标准——具体标准。其中,绝对标准就是原作;最高标准就是最佳相似度;具体标准则是一个标准群,因任务的不同而有可能不同。

笔者结合口译实践和教学实际,初步选取了对这两方面都有指导意义的、实用的具体指标,并将它们代入口译(交传、同传)的实践和教学,最终确定了操作层面的四个维度:“保真”“保量”“保质”“紧跟”;功能评价层面的一个维度:“传递”;任务完成综合评价层面的一个维度:“完成”。

这样的表述从个体上看较为静态,从整体上看相互关联度较弱。但当笔者尝试在这些概念后添加“度”的概念之后,各项指标因相关影响因素的介入、退出或共同作用而产生程度上变化的动态性便呈现了出来,变成了动态指标,这些指标相互结合后可形成一个动态指标群。

当多个动态指标指向不同的口译事实时,动态指标之间的关联性凸显,形成一个动态系统。因此,笔者在指标、“度”的基础上引入了“系统”的概念。在这个系统里,各项指标必然因口译影响因素的介入、退出或共同作用而产生互动,发生此消彼长的动态变化,并以最终结果(可用数值表达)显示出来。④

6. 口译动态标准体系的指标分类及定义

口译标准系统的指标分为三类。

第一类符合性指标:评价口译操作的过程、结果与原话保持一致性程度的指标。

(1)质量指标——保真度:指口译结果(译文)在准确性上与原话的一致性程度及译者在口译操作过程中为提高这种一致性所做努力的程度。

(2)数量指标——保量度:指口译结果(译文)在数量上与原话的一致性程度及译者在口译操作过程中为提高这种一致性所做努力的程度。

(3)表达指标——保质度:指译者采取措施后口译结果(译文)在可读性、流畅程度、可懂程度、风格及审美性等质量方面与原话的一致性程度及译者在口译操作动作上、过程中为提高这种一致性所做努力的程度。

(4)时间指标——紧跟度:指口译结果(译文)与原话(原文)之间的时间关系(先后、快慢、长短和间隔、重叠、交替等)合理性程度及译者在口译操作动作上、过程中为这种关系的合理化(包括效率化)所做努力的程度。

第二类:功能评价性指标

评价口译结果(译文)实际效果和口译功能发挥程度的指标。

(5)功能指标——传递度:指译者在沟通功能方面通过口译操作动作、过程、结果向听话人综合传递原话内容、形式、风格、感情等的程度和听话人反应与原话意图的契合程度。

第三类:综合评价性指标

结合符合性指标和效果评价性指标全面衡量口译活动,评价口译任务完成程度的指标。

(6)综合指标——完成度:指综合衡量、评价译者根据听话人反馈维持、纠错、调整、完成译文的程度和译者通过口译操作在过程、结果上完成口译任务的程度。

7. 口译动态标准系统的结构

符合性指标、效果评价性指标、综合评价性指标的有机结合,形成了三层次结构的口译标准系统。

下层结构是符合性指标子系统,由操作层面的保真度、保量度、保质度、紧跟度四个维度构成;中层结构是功能评价性指标子系统,由传递度一个维度构成;上层结构是综合评价指标子系统,由完成度一个维度构成。

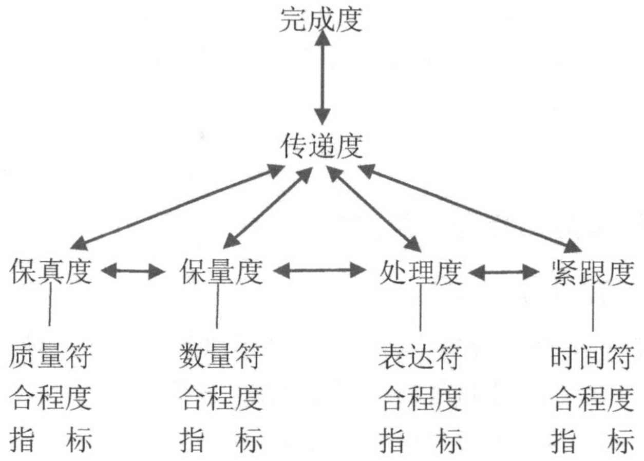

图1　口译标准系统结构示意图

8. 口译动态标准系统的运作机制

当影响因素发生变化(介入、退出或共同作用)时,下层子系统内各指标发生变化、产生互动,并将结果上传到中层子系统中与其指标互动,形成中层互动结果。中层互动结果一方面会被上传到上层子系统中与其指标互动，形成上层互动结果，另一方面也会被反馈到下层子系统中与其指标群进行新一轮互动，产生新的互动结果，并进行第二轮上传，循环往复，直到口译任务或口译训练按预期完成。

上层互动结果在口译实践和教学中通常就是最终结果，通过其刻度（可用百分比表达）显示出本次口译活动和任务的完成程度。但在口译实践和教学中，如果译者、听话人、说话人或教师、学生认为这个指标显示出来的刻度即口译任务完成度太低，没有达到预期效果，就可以让这个互动结果向下反馈，进入中层子系统甚或下层子系统中去，引起新一轮互动，循环往复，直到达到口译活动的目标，完成口译活动任务，且相关人员满意为止。

三层子系统的三层互动结果之间也处在动态的互动关系之中。下层子系统互动结果为中层子系统互动提供素材和依据；中层子系统互动结果为下层子系统互动提供监控和指导，同时为上层子系统互动提供素材和依据；上层子系统互动结果既可为中层子系统互动和/或下层子系统互动提供监控和指导，也可为最终衡量和评价整个口译活动、口译任务完成情况提供依据。

可见，这是一个由口译标准各项指标构成的动态等级系统，各层子系统指标的变化和结果，像六块仪表一样以其程度的刻度（可用百分比表达）显示出口译操作的过程（某环节）或结果发生了怎样的变化，各指标之间产生了怎样的关联和消长，为相关人员口译操作的过程、结果及其维持、纠错、调整、完善和完成提供重要数据，为设计口译训练方法、制订口译教学方案、编撰口译教材等提供重要参考依据。

在口译实践中，系统中的各种互动通常是一次性完成的。但在口译教学中，却会分解开来，按指标、子系统、互动关系设计训练方法，控制指标变化，调整互动关系，改变互动结果，并在需要时循环往复，反复修改不符合相关指标的译文，直到使之成为完全符合，或在预期效果或计划上符合，或在教学要求上符合各项指标的译文为止。

9. 导入单个影响因素的典型案例：时间因素

9.1 时间因素

时间是影响口译活动和任务完成的重要因素之一。在口译活动中，时间具有三方面特性。

第一是时间的长度，可以分为整体口译时间（即在整体口译活动中用于完成口译任务的时间长度）和单位操作时间（即用于一定量的口译操作的时间长度）。前者通常跟说话人与听话人之间的沟通内容和目的甚至心态紧密相关，译者可在他们所给予或同意、包容的范围内调整自己的操作时间；后者是在前者的总体限制下，译者可以通过自身努力、能力等加以控制的用于口译操作的时间长度。

两者与整体沟通时间的关系是：

原话时间＋整体口译时间＋听话人反应时间＋其他消耗时间＝整体沟通活动时间
整体口译时间＝单位操作时间×单位数量

由此我们可以总结出口译的基本规律：译者综合素质和能力越强，所需单位口译操作时间就越短，对节约整体口译时间和整体沟通时间，提高整体沟通效率的贡献度就越大。

第二是时间的间隔，可以分为内外时间间隔（即原话与译文出现的时间关系，涉及早与晚、先与后、重叠与交替）和内部时间间隔（即译者在口译操作范围内的时间关系，涉及快与慢）。[5]前者与说话人和译者的某些因素密切相关，后者则基本上因译者的综合素质和能力而定。

两者与整体沟通时间之间的关系是：

内外时间间隔＋内部时间间隔＝其他消耗时间

其中的基本规律是：(1)译者综合素质和能力越强，两种时间间隔就越少，对节约整体口译时间和整体沟通时间、提高整体沟通效率的贡献度就越大。(2)沟通活动允许口译活动内外时间间隔长，口译活动就可能采用交传（交替传译）的形态；沟通活动要求甚至规定口译活动内外时间间隔短或整体沟通活动时间短，口译活动则必须采取同传（同声传译）的形态。换个角度说，口译之所以分成交传和同传两种形态，最本质的原因就在于所给时间的长短和时间间隔的多少。

第三是单位话语的耗时，分为原话单位耗时（即说话人讲出一个定量原话所消耗的时间）和译文单位耗时（即译者口译一个定量原话并说出译文所消耗的时间）。前者与译者无关，后者则体现出译者的口译效率。

两者与整体沟通时间的关系是：

原话单位耗时×原话单位数量＋译文单位耗时×译文单位数量＝整体沟通时间

基本规律是：(1)原文话语和译文话语的语速越快，单位耗时就越短，语速越慢则耗时越长；(2)原话单位耗时越长，对整体沟通时间和沟通效率就越不利，但对译员的口译活动就越有利；(3)译者的综合素质和能力越强，译文单位耗时就越短，对节约整体沟通时间和提高整体沟通效率的贡献度就越大；(4)口译操作动作越快，口译过程就越短，译文单位耗时就越少，译文与原话的时间间隔就越短，口译活动效率就越高，对节约整体沟通时间和提高整体沟通效率的贡献度就越大。

9.2 导入时间因素

时间要素作为影响因素导入口译活动后，使口译操作的动作、过程和结果发生变化，进而导致口译标准的各项指标及相互关系也发生变化。

(1)影响因素：时间

(2)观察对象：口译活动的操作动作、过程、结果和主体——译者

(3)影响指标：

A. 直接影响指标：紧跟度

B. 间接影响指标：保真度、保量度、保质度；传递度；完成度

(4)影响结果：

A. 口译分化成交替传译和同声传译两种形态[⑥]

B. 各项指标发生程度上的变化

C. 各项指标之间互动的结果导致各项指标的相互关系和优先顺序发生变化

9.3 时间因素导致口译形态的分化及分化结果的过程模式

9.3.1 交传

在允许译者使用较多时间的口译活动中，原话出现与译文出现之间时间间隔可以较长，译者用于口译操作的时间也就较长。这时，口译活动就会形成交替传译的形态。交替传译是说话人说出一段话(一段时间)后译者才进行口头翻译的口译操作动作、过程和结果，形成说话人和译者交替说话，原话、译文交替出现的形态。基本过程模式如下。[⑦]

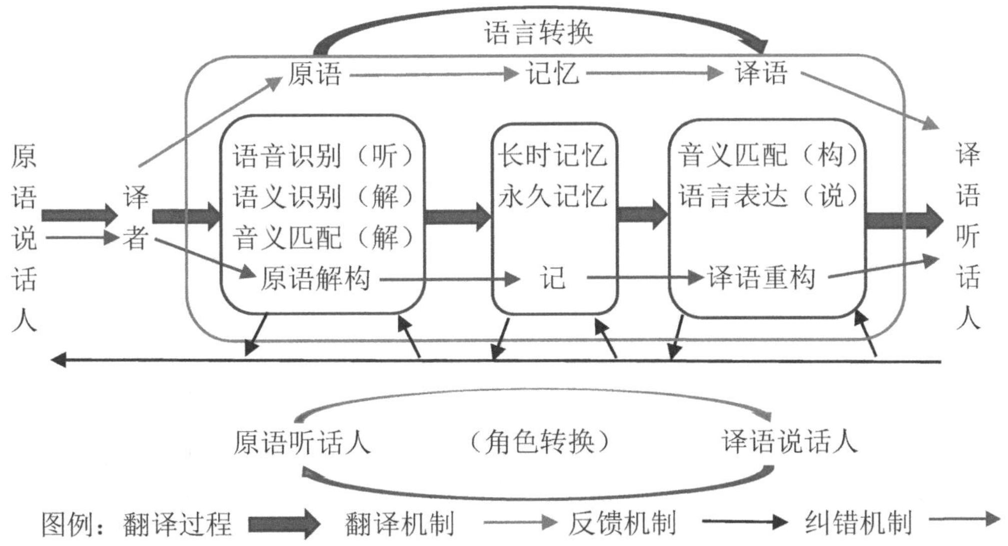

图2 交传基本过程模式示意图

9.3.2　同传

在不允许译者使用较多时间的口译活动中，原话出现与译文出现之间时间间隔较短，译者用于口译操作的时间较短。这时口译活动就会形成同声传译的形态。同声传译是说话人开始说话数秒后译员就开始跟随着原话进行口头翻译的口译操作动作、过程和结果，形成译者跟随着说话人的话语同时进行口译，译文跟随着原话出现的口译形态。基本过程模式如下。

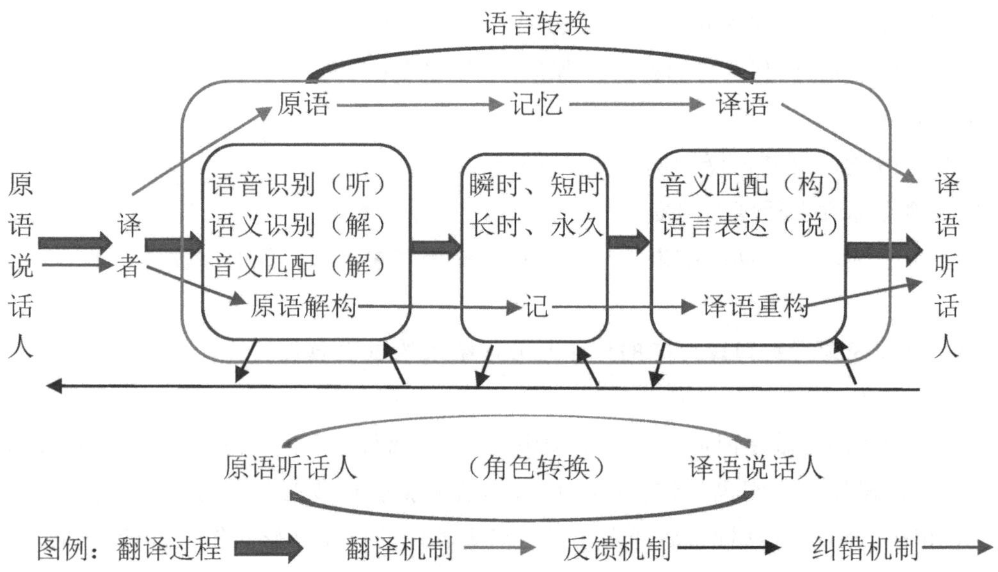

图3　同传基本过程模式示意图

9.3.3　交传与同传的不同

这里选取若干维度观察交传和同传两种口译形态的差异。

维度	交传	同传
原语解构(听、解)时间	长	短
思考时间	长	短
翻译速度	慢	快
抓要点	易	难
辅助手段（笔记等）	多	少
译文语句组织	可长，调整句式易	应短，调整句式难
译语重构(构、说)时间	长	短
出错率	低	高
漏译率	低	高
补救需求	低	高
译文质量	高	低

对译文质量的要求	高	低
需要听话人弥补	少	多
听话人包容度	低	高
效果	好	差
适合范围	深度沟通	基本交流
……		

这些差异必然导致口译动态标准系统中各指标的程度、各子系统内和子系统间指标互动结果的变化。

9.3.4 口译标准指标与口译形态的关联度及优先顺序

标准指标应用到口译实践时，与交传、同传两种不同形态的关联度有所不同。

指标	同传	交传	（笔译）⑧
保真度	低	高	很高
保量度	低	高	很高
保质度	低	高	很高
紧跟度	高	低	很低
传递度	低	高	很高
完成度	低	高	很高

交传和同传两种形态对口译标准各指标的适用要求不同，导致各指标在不同口译形态中的优先顺序不同。

同传：紧跟度、保真度、保量度、保质度；传递度；完成度
交传：保真度、保量度、紧跟度、保质度；传递度；完成度

附：
笔译：保真度、保量度、保质度、紧跟度；传递度；完成度

之所以在同传中，紧跟度排在第一位，是因为口译的任务导向型性质在没有更多时间用于完成任务的同传中表现得最为突出，使紧跟原话的重要性大为增加，也使时间因素上升为同传任务能否完成、在何种程度上完成的决定因素。

其基本规律是：在紧跟度（并非单纯的快与慢或及时与否，而是译文与原话之间先后或早晚的时间关系）上，如紧跟得越合理，越适合译者的能力和习惯，同传活动和任务就能完成得越好。反之，如紧跟得不合理，译者不能适应，就必须调整同传操作动作进行弥补，而不弥补或弥补得不好，同传操作和任务的完成必会由于忘却、来不及译出、听不好后面的原话等而大受影响，甚至根本无法完成。

10. 口译标准系统与口译实训教学的关系

根据对口译过程的分解和过程各个节点的要求，结合口译技能和译者生理、心理资源，人们可以设计出很多口译训练方法，[⑨]《中日同声传译技能技巧训练》(邱鸣、杨玲，等，2019)把包括交替传译、视译、耳语同传、同声传译等口译形态(种类)在内的口译过程分解为交替或同时发生的听解、记忆、转换、重组、表达五个环节，并制订了相应的针对性训练方案，自成体系。

这里，笔者在先行成果的基础上，结合口译实践和口译教学实际及自身经验，初步整理出一套"六跟"口译实训教学法。所谓"六跟"就是：

(1)跟听：指学生跟着音频材料听，调动听觉系统和语音识别功能，训练抓取语音的灵敏度和速度。

(2)跟读：指学生跟着音频材料边听边模仿读音，强化语音形象的印象，训练抓取原话语音特点的速度。

(3)跟解：指学生跟着音频材料边听边进行原语语音—语义匹配，训练理解的能力、技能、速度。

(4)跟记：指学生在跟着音频材料听、解的基础上进行记忆的能力、技巧、速度和持久性。

(5)跟说：指学生在理解和记忆的基础上用原语或译语说出原话的要点，训练抓要点、归纳、演绎及预测原话内容的能力、技巧、速度。

(6)跟译：指学生在前几项训练的基础上进行口译，边听边译或听一段再译，训练口译技能和综合能力。

这些训练方法与口译动态标准系统中的各项指标存在着重要的对应关系。[⑩]

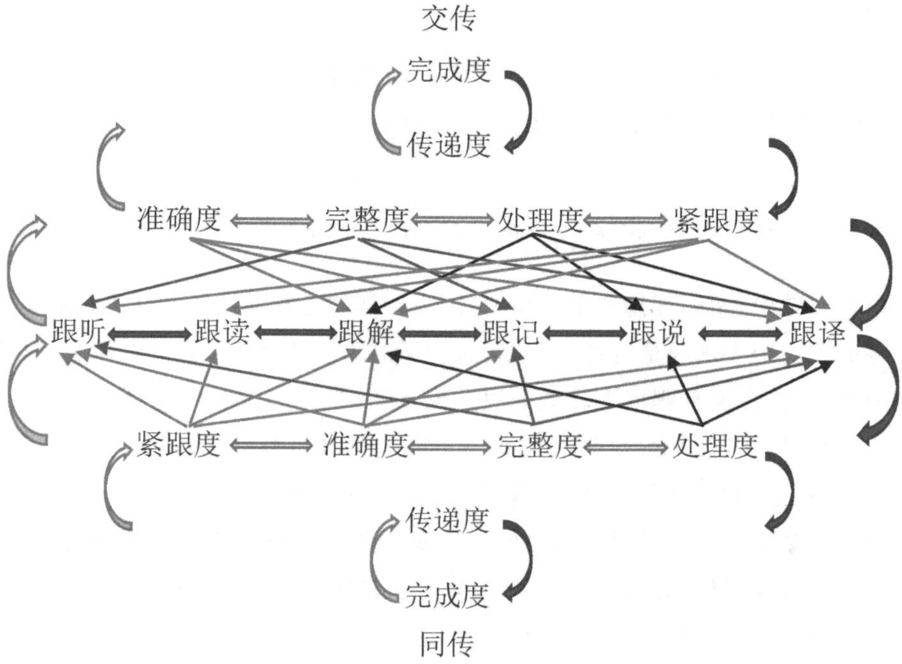

图4　口译标准指标与主要训练方法关联示意图

这些环节在口译实践中是依次、交替或同时出现、完成的。分解开来讲，主要是因为了解这些环节和上述关系，在口译教学中就更容易做到因材施教的针对性训练。而这个口译动态标准系统也便于教师对学生接受实训的效果进行评估。⑪

11. 结语

本文所构建的口译动态标准系统，从动机、立意到指标选取、系统构建，均依据和源于口译实践和教学，目的也是要回到口译实践和教学中去，通过指导、评价口译实践和教学，在实践中得到验证和完善，发挥这个系统应有的作用和价值。

注释

① 刘宓庆："口译行为是一种语际解释行为，它的根据是原语的语言符号化表现，通过对语言符号化表现的解释获得对原语意义的理解"（刘宓庆，2004：2-3）；蔡小红："口译作为跨文化的交际活动，其实质不是单纯地实现语际之间的语码转换，而是要忠实地转达异语双方的交际意图"（蔡小红，2007：25-26）；王虹：口译是"通过口传方式从事两种或多种语言传递的一种翻译工作"，并认为口译的任务是"推动交流促进沟通"和"加深理解准确传输"。（王虹，2008：50-52）姚斌、朱玉犇、孙婷婷：口译是"在特定情境中以口头方式实现跨文化、跨语言信息沟通的智力活动"（姚斌、朱玉犇、孙婷婷，2021：1）。另外，张睿、刘艾云认为："口译时关注的是源语所表达的信息意义，把信息意义从源语的'语言外壳'中提取出来，装进译语的'语言外壳'表达出来，这个过程叫作'脱离源语外壳'。"（张睿、刘艾云，2018：1）

② 部分阅读理论（语音转录假设）认为，阅读时人"对词的认知有两个阶段。第一个阶段是利用字母（文字）与语音的对应规律，把字母变成音素。第二个阶段则是寻找与这种音素形式相匹配的心理词典的词条。当相应的词条被发现的时候，这个词就被认知"（彭聃龄、张必隐，2004：494-494，510）。但"汉语是一种表意文字，字形和字音的关系不如拼音文字那样密切，语音（在文字语义识别中）是否起重要作用，研究结果很不一致"（彭聃龄，2005：313）。鉴于汉语是表意文字，日语是表音表意相结合的文字且表意文字汉字在语义识别中作用大于表音文字假名的事实，笔者在这里表述成"文字（表意文字，如汉字）—语义"或"文字（表音文字，如英语）—语音—语义"。

③ 口头语言与书面语言的差异、现场互动的有无、直接感受与间接感受调动起来的支撑理解和接受的各种主客观资源弥补译文缺陷的效果的不同等语内、语外语境和要素导致包容度不同。

④ 刘和平："口译是借助认知知识听辨语言、分析、综合、推断、理解、意义产生、记忆和表达的过程"，并介绍了当时代表性的口译理论和口译过程模式的研究成果（刘和平，2005：18），但没有涉及口译标准的动态系统问题。

⑤ 此处不考虑与译者无关且与口译活动关系疏松的外部时间间隔。

⑥ 此外，耳语翻译、视译也被视为口译的种类（刘和平，2005：34-43）。

⑦ 此处只显示过程模式，不再展开。同传模式亦然。

⑧ 口译标准系统和系统内各指标也可以延伸到笔译领域，成为衡量、评估笔译的标准系统。

⑨ 刘和平（刘和平，2005：98-141）、仲伟合（仲伟合，2012：183-187）等对口译教学做过较为详细的介绍和阐述。

⑩ 这里只提取指标与训练方法关联度较高的配对，并不意味着没有关系连线的指标与训练方法之间不存在关联性。

⑪ 口译教学效果的评估不是本文论述的重点，但并不意味着教学效果评估不重要，有不少研究者对此做过研究和阐述，如蔡小红（蔡小红，2007）、仲伟合（仲伟合，2012）等。

参考文献

[1] 让·艾赫贝尔.口译须知（1952年初版，1974年第二次修订版）[M].孙慧双，译.北京：外语教学与研究出版社，1982.

[2] 刘宓庆.口笔译理论研究[M].北京：中国对外翻译出版公司，2004.

[3] 蔡小红.口译评估[M].北京：中国对外翻译出版公司，2007.

[4] 王虹.中日广播口译[M].银川：宁夏人民出版社，2008.

[5] 姚斌，朱玉犇，孙婷婷.会议口译[M].北京：外语教学与研究出版社，2021.

[6] 张睿，刘艾云.基础口译[M].广州：世界图书出版公司；2018.

[7] 彭聃龄，张必隐.认知心理学[M].杭州：浙江教育出版社，2004.

[8] 彭聃龄.普通心理学（修订版）[M].北京：北京师范大学出版社，2005.

[9] 李越然.建议开展口译工作的研究[J].翻译通讯（中国翻译），1983(1)：37.

[10] 田建国.口译理论初议[J].翻译通讯（中国翻译），1985(7)：5-9.

[11] 王学文，刘延立.经贸口译教程[M].北京：中国对外经济贸易出版社，1993.

[12] 小林淳夫.通訳の極意——達人のテクニックとトレニンーグ方法[M].東京：南雲堂フェニックス，1998.

[13] 许慈惠.口译教程[M].上海：华东师范大学出版社，2011.

[14] 宋协毅.新编汉日日汉同声传译教程——从即席翻译到同声传译[M].北京：外语教学与研究出版社，2012.

[15] 严复.译例言[A].天演论[C].北京：商务印书馆，1981：xi－xiii.

[16] 二葉亭四迷.余が翻訳の標準[A]. 別宮貞徳，編.翻訳[C].東京：作品社，1994：44.

[17] 徐家驹.汉日同传互译技巧与训练[M].北京：高等教育出版社，2014.

[18] 辜正坤.翻译标准的多元互补论[J].中国翻译，1989(1)：18-19.

[19] 刘和平.口译理论与教学[M].北京：中国对外翻译出版公司，2005.

[20] 邱鸣，杨玲，等.中日同声传译技能技巧训练（上册）[M].北京：外语教学与研究出版社，2019.

[21] 仲伟合.口译研究方法论[M].北京：外语教学与研究出版社，2012.

作者信息

姓名：田建国

性别：男

单位：上海外国语大学贤达经济人文学院

研究方向：口笔译理论与实践、对外传播、日本文学

电子邮箱：honeytian2008@sina.cn

On Dynamic System of Criteria for Interpreting

Xianda College of Economics and Humanities, Shanghai International Studies University

Tian Jianguo

Abstract: Interpreting is a series of operations involving actions, processes, and results of task-oriented cross-linguistic oral conversion. Based on previous studies and the author's personal experience as both a practitioner and a teacher of interpreting, this paper expounds on the core nature of interpreting activities, studies their tasks, types, processes, and results, and formulates a dynamic system of criteria for interpreting. This system consists of six indicators on a dynamic scale, which can be used to measure, evaluate and guide the practice and teaching of interpreting. It can also be used to maintain, correct, and improve interpreters' translations. Furthermore, such a system provides an important reference and basis for teachers interpreting to develop training methods and curriculum designs and compile teaching materials.

Key words: criteria for interpreting; dynamic scale; accuracy; completeness; manipulation; simultaneity; transmissivity; completion

语块训练法对提高外事口译效果的实证研究

广东理工学院　张　羽

［摘　要］在口译过程中，译员对双语语块的处理十分频繁，而外事口译相较于其他题材，对口译准确性要求更高，因此，语块使用对提高外事口译准确性的作用值得探究。本研究提出语块训练法，以北京某大学10名日语专业大三学生为对象进行了定量研究。10名学生被分为实验组和对照组，实验组进行了为期四周的语块训练，对照组不做处理。两组受试者分别接受前测和后测以检验语块训练对口译准确性的影响。实验数据表明，学生在接受语块训练后，口译准确性得到有效提高，且母语负迁移现象减少，语块训练有效提高了口译效果。

［关键词］语块训练法；外事口译；口译准确性；母语负迁移

1. 引言

在口译课堂中，外事口译的练习是提高学生口译能力的重要一环。近几年的口译资格考试中，有关外交及国家政策等政治性话语文本也较为常见。但在口译初学者中，用词选择上的错误随处可见。比如对于“中日邦交正常化”一词，常能见到“中日関係正常化”“中日外交回復”等似是而非的表达。外事口译不同于其他口译题材，“词语的选择在外交翻译中特别重要。用词不当会引起外交事件，甚至影响两国关系。”外交家施燕华曾这样强调外事口译中用词正确的重要性（施燕华，2007：58）。而要想改变这种现状，提高学生的口译准确性，语块训练或许能为我们提供新的思路。

语块是语言的一种预制构件，在口译过程中译员需要十分频繁地处理双语语块以达到交际目的。近年来，随着语块研究的不断深入，越来越多的学者也尝试将语块理论应用于口译教学之中，并且已得出了这样的结论：语块教学策略对学生的口译准确性有正向预测性（王建华，2012：47）。学生译员本身经验较少，在外事口译现场的紧张环境下，如何利用语块提高译员信息解码和编码的效率、提高口译准确性，具有重要的研究和应用价值。

本文提出语块训练法并将其应用于学生的口译日常训练中，以定量研究的方式对学生进行跟踪实验研究，验证语块训练法在口译的哪些方面产生影响，以及是否能够提高日汉外事口译的效果。

2. 研究现状

2.1 语块的定义与分类

语块这个概念从20世纪90年代被提出后就广泛应用于二语习得的领域之中，语言学家Nattinger和DeCarrio(2000)认为语块存在于世界所有语言系统之中，并认为人们使用语言的流利程度不是取决于学习者大脑中存储了多少生成语法的规则，而是取决于存储了多少语块。不同学者对语块的定义不同，但相差不大。Wray(2002)将语块定义为“由连续或非连续的两个或多个词组合而成的、有一定心理现实性的(使用时是整存整取而不经过语法分析生成的)预制语言单位”。马广惠(2011)将其定义为“由多词组成，可以独立用于构成句子或者话语，实现一定语法、语篇或语用功能的最小的形式和意义的结合体”。不同学者对于语块类型的划分标准不一，本文将采用其中被广为研究和采用的Nattinger和DeCarrio(2000)的四分法[①]：

(1)聚合词(Polywords)：指功能像单个词项的语块，相当于日语中的“複合語”，如“家族連れ”。

(2)惯用话语(Institutionalized expressions)：通常指作为独立话语、作用相当于句子的语块，绝大多数是规范的、不可改变形式的谚语、格言和社交公式话语。如“亀の甲より年の功”。

(3)短语限制结构(Phrasal constraints)：指有某些固定结构形式的框架式语块，这类语块允许其中部分词或词组的变化，相当于日语中的“フレーズ”，如“窓を開ける”，其中“窓”可换为“ドア”。

(4)句子构造成分(Sentence buliders)：指提供句子框架的语块，自由度变化较大的句型，比如会议口译中的“……をお祈りして、私のご挨拶とさせていただきます”。

简单来说，预制语块可以看作语言的半成品，在口译时可以将语块作为一个整体来记忆、提取、产出。因此，预制语块可以降低译员在口译过程中的大脑负荷，对译文的产出发挥积极的作用(李洋，2012：62)。

2.2 语块使用与口译效果的提高

在理论研究方面，研究者认为储备大量的双语对应预制语块能够进行更多的无标记翻译(袁卓喜，2009：87)，形式相对固定，便于整体记忆、储存和提取的语块能有效地缓解大脑即时交流时的解码和编码压力，提高语言输出的流利性和创造性(宋缨，2012：41)。且语块能够提高信息解码和编码的效率，提高短时记忆容量(张玉翠，2010：36-37)。在实践探索方面，研究者也进行了一系列的实证研究，王文宇、黄艳(2013)发现语块的使用与学生的口译成绩成正相关，王建华(2012)通过量化研究证明语块教学策略可以明显提高会议口译准确性，李洋(2017)基于汉英口译语料库发现，口译水平越高，学生使用语块的能力越强，更能将语块作为应试和缓解认知压力的口译策略，保证产出的流利性。除此之外，在一些口译技能提升书籍中也能看到语块的影子。鲍刚(2005)在《口译理论概述》一书中提到"'套语'转译练习法"。即找出若干具有特定题材的、典型而又真实的演讲录音，总结其中的"套话"，予以笔译再牢记在心中以备口译时使用。这种方法可有效地提高口译工作言语双语水准，还有可能提高双语互译的语速(鲍刚，2005：71-72)。杨承淑(2005)也在《口译教学研究：理论与实践》一书中强调应在口译教材中加入"常用词句"的词汇练习。其中包括表示言谈立场或客观描述的"概念词"，如表示建议的"～してはいかがでしょうか"、表示谢意的"～に謝意を表する"、表示重视的"～を大切にする"等、以及"常套句"，包括表示欢迎、祝贺、感谢、敬意、期许、感想等社交辞令的语句(杨承淑，2005：54-66)。而这些"常用词句"基本属于语块的范畴，说明了语块在口译练习中的必要性。

综上所述，从一开始针对语块的理论性研究到相关的实证研究，再到基于语料库进行的量化研究，预制语块的相关研究在近十年内得到了很大发展。但这些研究大多限于英语，在日语方面的语块应用研究大多限于二语习得领域，探讨预制语块与日汉、汉日口译的实证研究少之又少。因此，本研究将通过量化分析验证语块训练法对于提高口译正确率的效果，为教师教学及学生的自主训练提供新的视角。

3. 实验设计

3.1 实验假设

本研究将对日语专业学习者进行跟踪实验，旨在验证语块训练法对于提高口译正确率的效果。实验假设如下：日语专业学习者们在进行语块训练之后，语块使用能力增强，口译正确率有所提升。

3.2 实验设计

(1)方案：本实验选取北京某大学10名学生为实验对象，将10名学生分为A组实验组与B组对照组，训练未开始前同时进行前测，统计两组被试的语块使用正确率。接下来A组实验组将接受为期四周的语块训练，训练结束后同时对两组同学进行后测，测试步骤同前测，两次测试使用的材料不同。

(2)被试：参加本次实验的10名受试者为北京某大学日语专业大三下学期的学生，10人均接受了同样的为期半年的口译教学。根据大三上学期期末口译课成绩，将10名学生分为口译能力相当的实验组与对照组。实验开始前，两组学生并不知晓语块这一概念，也从没有意识到自己在口译中曾使用语块。10名受试者均自愿参加此实验。

(3)选材：本实验前测材料为中国前驻日本大使程永华在中国大使馆中日友好团体新年

会上的致辞，全文852字，共包含41个语块；后测材料为程永华出席西日本地区中日友好交流大会时发表的主旨演讲，全文865字，共包含43个语块。两份材料经口译教学经验丰富的教授评定，难度相当。且两份材料中的语块均包含“四分法”中的聚合词、惯用话语、短语限制结构和句子构造成分这四类。

3.3 实验步骤

本实验主要由三部分组成，依次如下。

(1)前测。首先针对全员开展前测，测试严格按照全国翻译专业资格日语口译三级考试步骤进行，将受试者测试过程录音并转写，统计两组受试者的语块使用正确率。

(2)语块训练。A组受试者接受为期四周的语块训练。训练流程如下：A组受试者每周须参与进行时长为1～1.5小时的共同训练。为减少其他不可控因素干扰，笔者在训练之前一小时发放口译材料及从中总结出的语块列表，口译材料为中国驻日本大使馆网站上登载的不同于前后测的其他外事口译材料。材料发放后，首先要求A组受试者进行一小时的自主学习，然后进行时长为1～1.5小时的共同训练。共同训练的方法是对王建华(2012)“小组监控式”训练法的进一步改进，具体分为“语块对译练习”和“语块应用练习”两部分。“语块对译练习”之中，译员1随机提问译员2三个语块，译员2对译，然后译员2随机提问译员3三个语块，译员3对译，以此类推。在两名译员提问、翻译时，其他3名译员监听对译是否正确，对译结束后给出反馈并讨论。“语块应用练习”步骤与“语块对译练习”形式相同，只是译员不再简单地提问语块，而是将语块连接起来产出句子供下一位译员对译，以此锻炼译员对语块的应用能力。具体流程见下图：

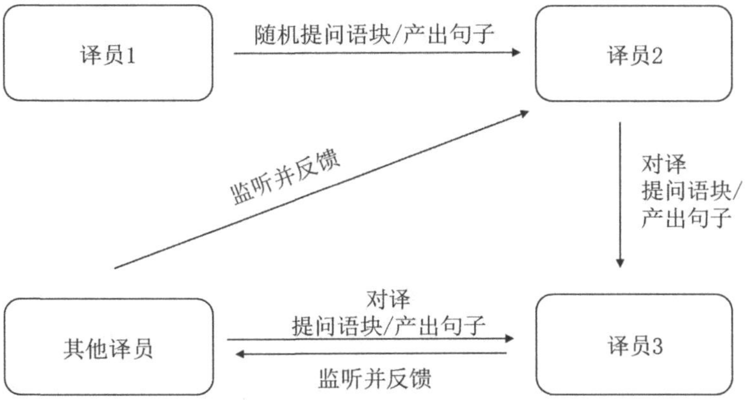

图1 实验组自主训练流程

(3)后测。A组为期四周的语块训练结束后，对A、B两组同学进行后测，步骤与前测相同，将测试过程录音并转写，统计两组受试者的语块使用正确率。

3.4 数据分析

测试材料的标准对译采用中国驻日本大使馆网站上所登载的译文，以保证其权威性和客观性。实验结束后将各受试者的录音转写为文本，按照每位受试者对语块的译出程度评分，若完全译出，并无任何语法错误，则记为1分；若有部分遗漏或与原文不完全一致，但不影响原文理解，则记为0.5分；若该语块完全漏译或误译，与原文意思相差较大时，记为0分。统计两组受试者两次测试结果后，利用 SPSS 进行 t 检验，验证结论在统计学上的有效性。

4. 实验结果

4.1 量化分析

(1)实验组与对照组前测实验数据比较

实验组受试者编号为 A1- A5，对照组受试者编号为 B1- B5。首先将两组受试者前测数据进行比较，考察在未经训练时各受试者的能力差异，从而提高实验结果的可靠性。两组受试者前测实验数据如下：

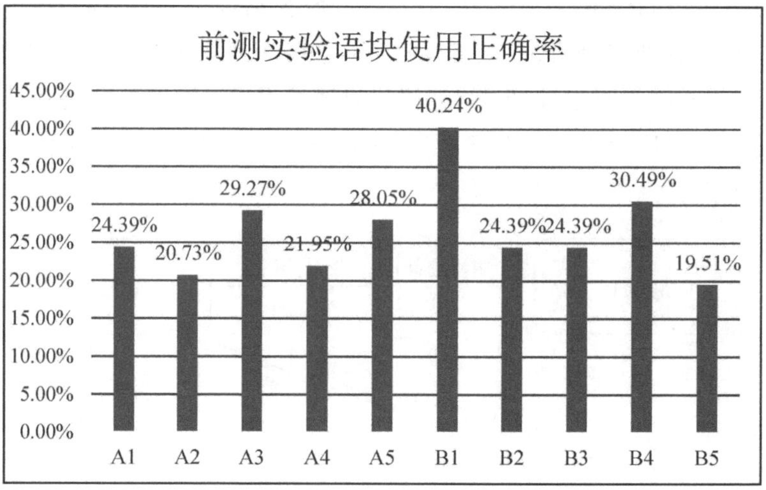

图2 前测实验中各受试者的语块使用正确率

A 组平均语块使用正确率为24.88%，B 组平均语块使用正确率为27.80%。从该柱状图中可以明显看出 B1的正确率为40.24%，远高于其他人，故对 B1进行了非结构性访谈。访谈结果表明，B1本人因为在备考全国翻译专业资格日语口译三级考试，在训练之前曾自主练习过前测材料，所以正确率与其他人相比较高。而在后测实验中 B1的正确率处于 B 组受试者平均水平，可以判断 B1在前测中的“超常发挥”属于偶然。除去 B1特例后，B 组平均语块使用正确率为24.70%，与 A 组并无大异，接近等值。由于总样本 $N < 30$，故使用“独立样本 t 检验”验证其有效性。t 检验结果 $t = -0.744$、$p = 0.487 > 0.05$，故前测实验中两组语块使用正确率没有显著差异。

表1　前测实验中两组语块使用正确率 t 检验分析

组别	样本数	平均值	标准差	Sig(双侧)
实验组	5	24.878	3.72050	0.487
对照组	5	27.804	7.96822	

(2)实验组与对照组后测实验数据比较

前测实验数据表明两组受试对象在未经语块训练时的口译准确性并无大异。接下来采用 t 检验的方式将实验组与对照组实验数据进行比较,分析在经过语块训练后,实验组语块使用准确性是否提高。

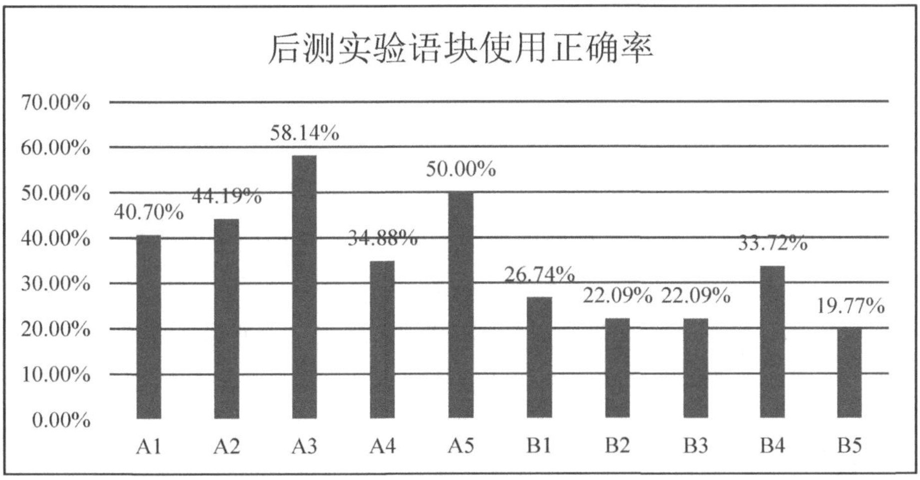

图3　后测实验中各受试者的语块使用正确率

表2　后测实验中两组语块使用正确率 t 检验分析

组别	样本数	平均值	标准差	Sig(双侧)
实验组	5	45.582	8.70074	0.004
对照组	5	24.882	5.5517	

实验结果为,在后测实验中,A 组语块使用正确率平均值为45.58%,B 组为24.88%,A 组数据明显高于 B 组。t 检验结果为 $t=4.260$、p 为$0.004 < 0.05$,证明两组被试者之间“没有差异”这一归零假设概率极小,两组之间产生了较大差异,并在统计学上有意义,该结果证明了语块训练的有效性。

(3)实验组前测实验与后测实验数据比较

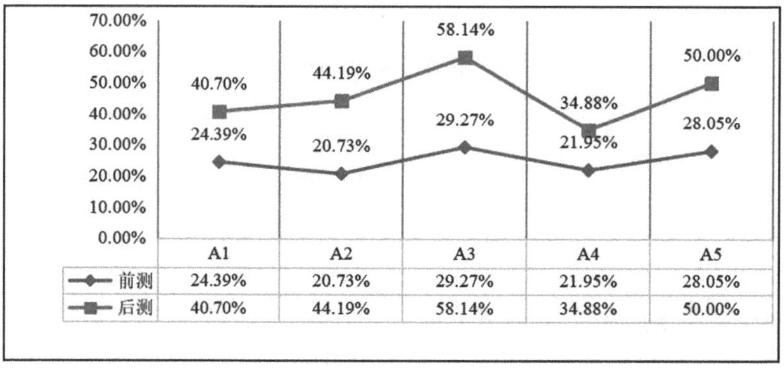

图4 实验组前测实验与后测实验数据

表3 实验组前测实验和后测实验数据的t检验分析

	样本数	平均值	标准差	Sig(双侧)
前测实验	5	24.878	3.72050	0.002
后测实验	5	45.582	8.90964	

实验组前测实验与后测实验数据比较如上图所示，可以看出，实验组5人在经过语块训练后，在口译正确率方面均有不同程度的提升。正确率平均提高了20.7%。因为是同一组受试的前后表现差异，故本次使用“配对样本 t 检验”进行数据分析，t 检验结果为 $t=-7.423$，$p=0.002<0.05$，该结果表明在接受语块训练后，实验组口译准确性得到有效提高，并具有统计学意义。

4.2 考察

实验结果表明，在经过语块训练后，实验组受试者的语块使用正确率显著提高，那么具体体现在哪些方面呢？笔者经过案例研究，发现语块训练主要在提高口译精度、减少母语负迁移现象这两个方面对受试者产生了积极影响。

1. 提高口译精度

在口译课堂中，当原文过长、或是信息过密的时候，学生常会出现错译或漏译的情况。并且如果原文中出现学生从未遇到过的词汇或表达，学生就无法在自己的“心理词典”中找到相应的对译，只能选择不译或者“自创”翻译，语义模糊，不甚了了。但如果学生在头脑中已经储存了相应的对译语块，那么在使用时就可以即时提取，口译精度也会随之提高。

(1)

ST：近年中日关系历经一段波折反复和严峻考验，……

A3：近年、近年来、中日関係は色々風雨にあって、紆余曲折をたどり、またチャレンジされることも、たくさんあります。

A5:近年、中日関係は紆余曲折をたどり、様々な困難を面しています、困難に面しています。

B1:近年中日関係は非常な困難を面し、いろんな難しい階段も過ごしました。

B4:中日両国は近年以来外交関係には良くなったり悪くなったり、いろんなを、いろんなことを経験してきました。

由于中日两国复杂的历史原因,"波折反复"一词在中日外交领域的发言、演讲中较为常见,而"紆余曲折をたどる"也几乎成为其固定日译。实验组被试者曾在语块训练中练习这一语块,所以在听到"波折反复"这一词后便可以迅速反应,在大脑中找到其对译,自动化地产出语句。而对照组受试者因为并未在脑中储存这一语块,所以即使在大脑中苦苦搜寻也不能找到合适译法,结果只能自创一些"困難を面する""良くなったり悪くなったり"这样不准确的表达。

(2)

ST:首先,我谨代表中国驻日本大使馆对大会的召开表示热烈祝贺,对主办单位所做精心安排和周到细致的筹备工作表示衷心感谢。

A1:まず、私は中国駐日本大使館を代表し、大会の開催に祝賀の意を表し、主催者側の念入りのご手配に感謝の意を表したいと思います。

A3:まず、私は中国駐日本大使館を代表いたしまして、今回の大会の、大会について祝賀の意を表したいと思います。また、主催者側に対しまして、えと、その入念な準備、周到なご手配に心から感謝の意を表したいと考えています。

B2:まずは中に、中国駐日大使の代わりに、大会の開催には祈りを差し上げます。また、主催側の情熱なもてなしに対して感謝の意を表します。

B3:まずは私、私駐日大使館を代表して、ああ、うん。あ、方々に心より感謝。そして感謝、その申し上げます。

B4:私は中国駐日本大使館を代表して、今大会の開催にお礼を申し上げます。そして、あの、主催、主催組織にも、主催組織の、あのごきんりょくとこの会の準備を心より感謝の意を申し上げます。

对会议主办方表示感谢,是外交辞令中常见的语句。本句整体较长,且对于"精心安排""周到细致的筹备工作"等语块,要想翻译得完整、优美,对于初学者来说绝非易事。实验组同学曾在语块练习中做过类似训练,虽不能翻译得十全十美,但总体来说较为忠实、流畅,不影响听众理解原发言。而对照组被试中,B2将"感謝の意"错译为"祈り",还产出了"情熱なもてなし"这一前后不对应的语块;B3只翻译了"感谢"的部分,漏译了"祝贺"的部分;B4在译语中想表达"ご尽力",但却翻译成了"ごきんりょく"。且B3与B4停顿较多,严重影响听感。这都是语块储备不足的表现。

(3)

ST:中日友好的根基在民间

A1-A4：中日友好の基礎/基盤は民間にあり、……

A5：中日友好の土台は民間にあります。

B1：中日友好関係の構築はその大事なのは民間であり、

B2：中日両国の、中日友好の基盤は民間にあります。

B3：中日両国の根本的なものが、が国民の中において、……

B5：両国友好の元は民間であり、……

“中日友好的根基在民间”，这是习近平主席2015年在中日友好交流大会上的致辞中的一句话，在这之后就被广泛引用于各中日交流活动中的发言、致辞。这一句话虽然简单，但能否翻译得简洁、漂亮，很考验译员的基本功。实验组被试曾在语块训练中练习过该语块，所以全员都干净利落地将其翻译了出来。而对照组因为没有接触过该语块，需要在有限的翻译时间内从零开始组装句子，所以口译精度有所下降，出现了语法错误及重复现象。

2. 减少母语负迁移

在语言学习中，当目的语和母语差异较大或形同实异时，母语就会阻碍或干扰目的语的学习，称为“负迁移”(陈斌，2003：173)。汉语和日语之中有大量的同形异义词和同形近义词。它们会给汉语母语者的翻译造成很大的干扰，以致出现误译(张南熏，2011：114)。在口译初学者的口译课堂之中，也经常看到母语负迁移的影响，例如在听到“工作”一词之后，部分学生直接译为日语中的“こうさく”，而日语中的“工作”一词常用于使用某种材料制作某种东西，或含贬义，指暗中进行某种活动。而语块在应用时可以在大脑中整体储存和提取，这个优势避免了译员自己造词，从而可以有效减少口译中母语负迁移的现象。

(4)

ST：今年是中日邦交正常化45周年。

A1-A5：今年は中日国交正常化45周年で/であり/であります。

B2：今年は中日関係正常化の四十五周年目で、……

B3：今年は中日外交回復四十五周年記念日で、……

B4：今年は中日ほうこう(邦交)回復四十五周年。

B5：今年は中日国交、中日外交の改善からの、ですから、四十五年の記念日。

一般来说，“中日国交正常化”已成“中日邦交正常化”的固定对译。该词在外事口译中出现频率较高，在前测实验中也曾出现过，当时实验组被试中也有人将其翻译为“中日外交正常化”“中日関係正常化”等。但在接受语块训练之后，在后测实验中A组被试全部产出了正确语块。而B组受试者因不知其对译，所以以自己的理解产出了“外交回復”“邦交回復”“外交改善”等似是而非的表达。尤其是B4，直接将“邦交”译为“ほうこう”这一日语中并不存在的表达，很大程度上受到了母语负迁移的影响。

(5)

ST：中日关系对双方而言都是最重要的双边关系之一。

A2：中日関係は両国にとっても最も重要な二国間関係であり、……

A3：中日関係は中日双方にとって最も重要な二国間関係の一つであります。

A4：日中関係は両国にとって、もっとも重要な二国間関係の一つです。

B1：中日関係は両国に対しても非常に重要な両方関係の一つの、あの一つの重要な関係であります。

B2：両国の間についても、このような双辺的な関係、両国間の関係は非常に重要です。

B4：中日関係は中日両国の関係はあ、両方にとって重要な双辺関係であり、……

B5：中日両国は一衣帯水の関係で、……

“双边关系”也是极易受到母语负迁移影响的一个语块。对照组中两人都将其翻译为“双辺的な関係”“双辺関係”，将汉语中的“双边”直接变为日语发音，但笔者调查后发现，日语中的“双辺”只在太极拳的一种“双辺太極拳”这一词汇中使用，并未找到在外事口译中使用的例子。B5译为“一衣帯水の関係”，这样翻译从语法角度来说并无错误，但与源语略有出入。而实验组受试者大部分都能将其正确翻译为“二国間関係”，这是因为他们的大脑已经掌握了该语块，翻译时就可以直接提取，将语块产出变为自动化操作，成功地避免母语负迁移的影响。

（6）

ST：在中日四个政治文件和四点原则共识基础上，……

A1：中日の四つの政治文書を、または、4点の原則きょうしき(共識)に従い、……

A3：中日の四つの政治的文書と四つの原則共同認識を踏まえ、……

A4：中日四つの政治的文書と四つの原則に基づいて、……

B1：中日の四つの政治ぶんけん(文件)と四つのきょうしき(共識)に基づき、……

B2：中日両国間の四つの政治ぶんけん(文件)と四つの原則を基にして、

B3：四つ目の条約と原則を尊重して、……

B5：中日の四つの政治の場面の原則、政治の場面の原則の下で、……

“文件”和“共识”也是口译初学者的常错点。实验组受试者曾经在训练中练习过“中日四个政治文件”这一语块，所以在产出时5人都将“文件”正确译为“文書”，而对照组两人受母语负迁移影响将其译为“ぶんけん”，两人漏译。而对于“四点原则共识”这一语块，实验组也并未接触过，所以两组被试之中都有人将“共识”翻译为“きょうしき”，但其实日语中并没有“共識”一词，实验组也在此语块“折戟”，这也直接证明了语块训练的重要性。

5. 结论及启示

本研究提出语块训练法并通过量化研究证明：语块训练能够有效提高外事口译的准确性，主要体现在提高口译精度及减少母语负迁移现象两个方面。基于此，笔者对口译学习者及教师提出两个建议：一、建议口译学习者建立语块意识，夯实语块输入基础。可以将课堂上或自主练习时遇到的中日对译语块整理在笔记本或是电子学习工具中，利用课余时间反复观看或背诵，在脑中储备大量语块并不断在实践中加以运用。学生也可以以小组为单位采用语块训练法进行课下训练来提高口译水平，小组训练以3～5人为宜；二、建议教师将语块训练法引入课堂教学之中。可以督促学生在每节口译课后总结本节课内涉及的语块并制作语块对译表，在下节口译课前进行随堂小测试考查学生对语块的掌握情况。通过以上方式帮助学生养成语块学习习惯以提高口译的效率和质量。

最后，本研究尚存一定的局限性。由于样本数量较少，且只涉及初学者，得出的结论可能无法适用于较高水平口译译员，期望今后能够扩大研究范围，验证语块训练的应用效果。

注释

①该"四分法"汉译参考李洋《预制语块对同声传译的缓解效应研究》一文。

参考文献

[1] Nattinger J & De Carrico J. Lexical Phrases and Language Teaching [M]. Shanghai：Shanghai Foreign Language Education Press，2000.
[2] Wray，A. Formulaic Language and the Lexicon [M]. Cambridge：Cambridge University Press，2002.
[3] 鲍刚. 口译理论概述[M].北京：中国对外翻译出版公司，2005.
[4] 陈斌.母语负迁移对翻译的影响及解决办法[J]. 中南民族大学学报（人文社会科学版），2003(4)：173-174.
[5] 李洋.预制语块对同声传译的缓解效应研究[J].外语界，2012(1)：61-67.
[6] 施燕华.怎样做好外交口译工作[J].中国翻译，2007(3)：57-60.
[7] 宋缨.语块在长时记忆中的状态与口译质量[J].天津外国语大学学报，2012(3)：37-41.
[8] 王建华.语块教学策略对提高学生会议口译准确性的实验研究[J].中国翻译，2012(2)：47-51.
[9] 王文宇，黄艳.语块使用与口译产出关系的实证研究[J].外语电化教学，2013(7)：28-35.
[10] 杨承淑. 口译教学研究：理论与实践[M].北京：中国对外翻译出版公司，2005.
[11] 袁卓喜.试论语块在翻译过程中的作用与启示[J].外语界，2009(5)：83-89.
[12] 张玉翠.预制语块在口译工作记忆中的作用[J].现代教育科学，2010(1)：36-37.

作者信息

姓名：张羽
性别：女
单位：广东理工学院
研究方向：日语口译、翻译学
电子邮箱：1447361685@qq.com

An Empirical Study on the Improvement of Diplomatic Interpretation Effect by Lexical Chunk Training

Guangdong Technology College　　Zhang Yu

Abstract: In the process of interpreting, interpreters deal with bilingual chunks frequently. As we know, compared with other subjects, diplomatic interpretation has higher requirements for the accuracy of interpretation. Therefore, it is worth exploring the role of a chunk in improving the accuracy of diplomatic interpretation. This study proposes the chunk training method and conducts a quantitative study on 10 third-year Japanese majoring undergraduates from a university in Beijing. 10 students were divided into an experimental group and a control group. The experimental group received chunk training for four weeks, while the control group was not treated. Both of the groups received pre-test and post-test respectively to test the effect of chunk training on interpreting accuracy. The experimental data shows that after the students received chunk training, the accuracy of interpretation has been effectively improved and the negative transfer phenomenon is reduced. The use of chunks can efficiently improve the interpretation effect.

Key words: chunk training; diplomatic interpreting; interpreting accuracy; native language negative transfer

跨文化传播背景下用日语讲好中国故事*

东华大学　劳轶琛　徐怡卿

[摘　要] 讲好中国故事是习近平新时代中国特色社会主义思想的重要组成部分。为解决跨文化传播背景下讲什么故事、怎样讲故事的问题，本文以霍尔的“编码与解码”理论为分析框架，采用内容分析法，以第一届全国高校日语专业“用日语讲好中国故事”微视频大赛的参赛作品为样本，基于“主题选择”“创作方式”及“价值理念”三个方面进行类目设计与构建，分析其编码过程。同时又从“日本媒体与意见领袖的观点”“日本普通受众”“日语及国际文化传播等多领域中国专家的相关评论”这三个方面考察在跨文化传播背景下对于中国故事的解码情况。最后通过解码所得再回归编码，提出了讲好中国故事的三点策略：加强主题选择的深度与维度；在创作方式上构建情感共鸣、打破语境障碍；强调中国故事的信息价值并重视其对外与对内的宣传价值。

[关键词] 跨文化传播；讲好中国故事；微视频

1. 引言

党的十八大以来，习近平总书记多次指出要讲好中国故事，传播好中国声音。党的十九大报告中提出：“推进国际传播能力建设，讲好中国故事，展现真实、立体、全面的中国。”（人民日报，2017）讲好中国故事是习近平新时代中国特色社会主义思想的重要组成部分，对塑造国家形象、增强外宣能力、建构中国特色话语权有着重要价值。

国内学界对于讲好中国故事的研究近十余年呈整体递升态势，在党的十九大报告之后，即2017年开始出现研究的小高峰（李倩楠，2020：73-79）。而国内关于“用外语讲好中国故事”的研究起步相对较晚，主要关注如何在“用外语讲中国故事”中构建中国文化自信（肖芳芳，2019：48-50；陈争峰、郑沛、刘楠，2019：125-133）以及如何开展英语学习活动、提出在教学方

* 基金项目：本论文是“东华大学2022年度校级一流本科课程《日语口语实践》”项目编号：DHYLA-2022-29的成果。

面进行“中西兼容、以生为主，为用而教”的用英语讲好中国故事的教学策略分析（张光明，2018：10-13）。而外语具体细化到日语，面对日本受众该如何讲好中国故事，如何培养高校日语专业学生用日语讲好中国故事的能力的相关研究相对而言较为匮乏。讲好中国故事的必要性和重要性毋庸置疑。那么，用日语“讲什么故事”“怎样讲故事”就成为需要探讨的重要问题。

本文从跨文化传播的角度出发，以霍尔的“编码与解码”理论为分析框架，采用内容分析法，以第一届全国高校日语专业“用日语讲好中国故事”微视频大赛[①]参加初赛的57部微视频作品为样本。基于“主题选择”“创作方式”及“价值理念”三方面进行类目设计与构建，分析其编码过程。同时，本文将从“日本媒体与意见领袖的观点”“日本普通受众”以及“日语及国际文化传播等多领域中国专家的相关评论”这三个方面着手，先考察日本现阶段对以 Youtube 等日本主流社交媒体上较受关注的中国故事微视频的解码情况，再以中国专家在担任首届日语微视频大赛评审时对于包括本文进行编码分析的样本在内的参赛作品进行的解码与点评作为切入点，融合多领域中国专家的意见与建议，最后通过解码所得再回归编码，从而提出讲好中国故事的策略。

为具体了解日本普通受众对中国故事微视频的解码情况，本文采用网络问卷调查的形式，以日本民众为对象开展了调查，采用单选、多选及填空题的形式进行提问，最终收集到95份有效问卷。接受调查的受众年龄跨度广，年龄最小的未满20岁，年龄最大的超过60岁，其中20岁至30岁这一年龄层的人数最多，而职业则集中于在职工作者、学生这两类。

2. 主题选择

2.1 主题选择的编码情况

本次共选取样本57个，均来自首届日语微视频大赛的初赛参赛作品。样本的主题分布情况如下表所示：

表1 样本的主题分布情况

主题	样本数（个）
突发事件	10
经济	8
社会	8
文化	8
多主题	7
体育	3
科技	3

（续表）

主题	样本数(个)
军事	3
教育	2
历史	2
娱乐	2
环境	1
合计	57

资料来源：笔者根据本文57个样本的主题选择情况制作

由分布情况可见，样本主题涉及范围广，其中以“突发事件”为主题的样本数量最为突出，也有一定数量的多主题[②]情况。样本呈现的主题选择编码特点如下：

以突发事件为主题：本文样本涉及的突发事件以自然灾害、公共卫生事件为主。该类样本中，又主要以新冠疫情、2021年河南郑州特大暴雨及洪灾为内容，主要人物多为亲身经历疫情或暴雨洪灾的编码者本人，以及投身在防疫抗灾中的志愿者等援助力量，重在凸显其英勇、奉献的精神。

涉及多个主题：在7个多主题的样本中，笔者发现，各样本对于多个主题的处理方式差异较大。例如，样本《中国の活力》（中国的活力）横跨娱乐、社会、体育3个主题，但只是简单地将这些主题“并列”排序，主题间的衔接和支撑不足。与之相对，样本《永遠に消えない波》（永不消逝的波）则涵盖了历史、科技、社会、经济数个主题并将其有机融合，全方位地讲述了电波在现代中国的进化与发展。

涉及中国特色的主题：笔者在分析编码时发现各种主题下的多个样本均涉及中国特色，即包含中国特色社会主义实践特色、民族特色、时代特色等特色鲜明的内容（秦刚，2007：4）。可见学生在编码时有意识地关注并选用能够强调、放大中国特点的内容素材。

2.2 主题选择的解码情况

2.2.1 日本媒体与意见领袖的解码

近期，使用日语讲述中国故事的中国微视频编码者备受关注，其中编码者李姐妹 ch、杨小溪等人创作的中国故事微视频在日本主流的视频网站 Youtube 平台引发了日本民众的热议与追捧，其总播放量均达到了千万次。日本主流媒体 NNA Asia（日本共同社新闻集团经济新闻网站）、日本新闻网站 AFPBB News（世界3大通讯社之一的 AFP 通讯社旗下的日语新闻网站）以及多家日本自媒体网站均有介绍以日语讲述中国故事的编码者的专栏或报道。

整合搜索结果，笔者发现日本媒体与意见领袖对于中国故事的微视频的主题选择较为关注。日本自媒体往往围绕中国故事微视频进行点评与推荐。以与李姐妹 ch 相关的自媒体文章为例，日本自媒体往往会将“主题丰富”作为推荐理由之一。比如李姐妹 ch 将中文学习与旅游所能体现的地方文化等进行主题融合之举，得到了日本自媒体的广泛好评，由此可见，日本媒体与意见领袖颇为青睐主题多元化的中国故事微视频。

2.2.2　日本普通受众的解码

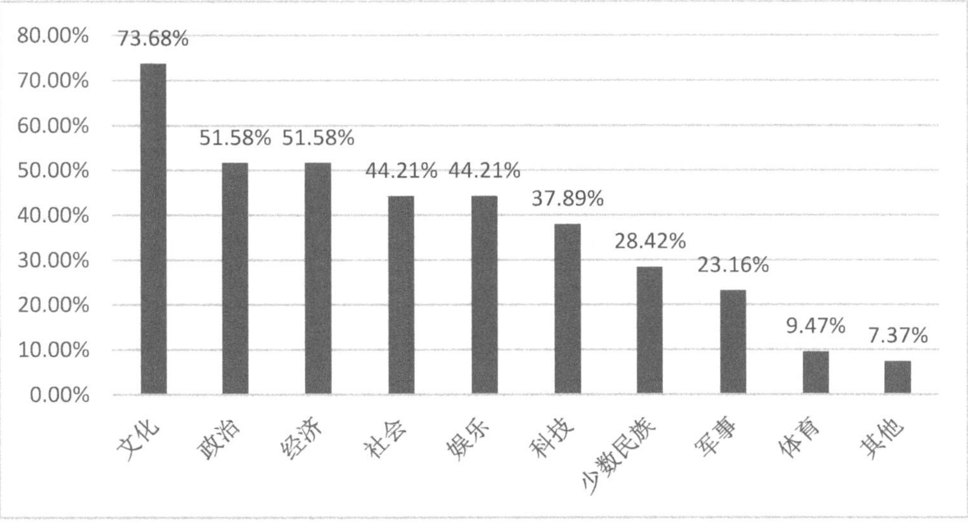

资料来源：笔者根据本文问卷调查数据，使用Excel绘制

图1　日本普通受众“想要了解的中国故事”的主题分布情况

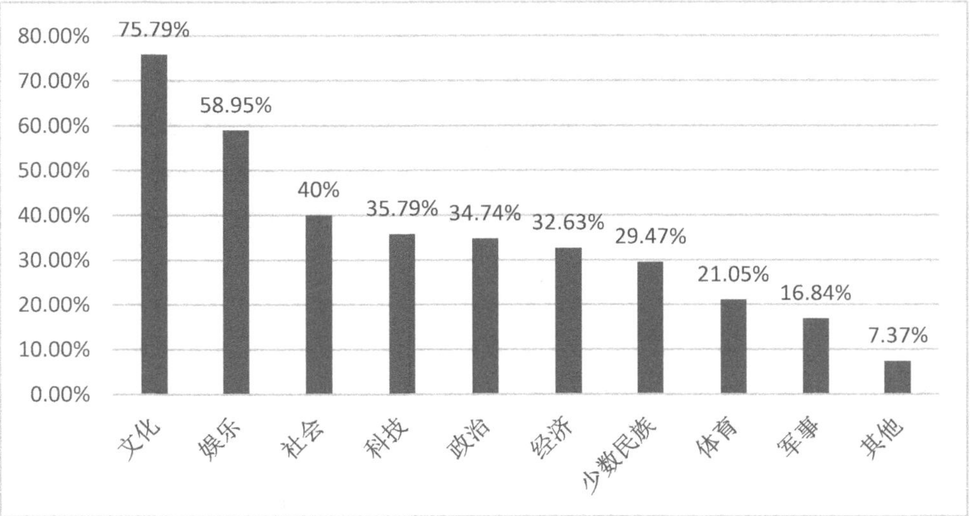

资料来源：笔者根据本文问卷调查数据，使用Excel绘制

图2　日本普通受众“想要观看的中国故事微视频”的主题分布情况

为掌握日本普通受众对中国故事微视频的主题需求，笔者设计了两道多选题，尝试了解日本普通受众“想要了解的中国故事”和“想要观看的中国故事微视频”并进行比较与探讨。笔者在调查问卷的相关题目中，罗列了包括政治、经济、文化等常见的10种中国故事微视频

主题，接受调查者对于“想要了解的中国故事”和“想要观看的中国故事微视频”，结合自身情况各选择5种主题。笔者按得票数从高至低的排序绘制出了上述图1与图2。结合图1与图2可知，日本普通受众对于“想要了解的中国故事”和“想要观看的中国故事微视频”的回答结果，虽在主题种类上无明显差异，但从排序与比重来看，不难发现日本受众更希望观看围绕“文化”“娱乐”等主题制作的微视频。更有回答表示，日本的官方新闻媒体发布的中国新闻报道多以政治为主，因而想要通过微视频了解“平时无法得知的中国”。

2.2.3 中国专家的解码

针对“讲好中国故事、提升文化传播力”这一重要命题，习近平总书记在主持中央政治局第三十九次集体学习时明确指出：“要讲清楚中国是什么样的文明和什么样的国家，讲清楚中国人的宇宙观、天下观、社会观、道德观，展现中华文明的悠久历史和人文底蕴，促使世界读懂中国、读懂中国人民、读懂中国共产党、读懂中华民族。”由此可见，丰富、多元、有内涵的主题无疑是通过微视频把中国故事“讲清楚”的根基所在。

北京外国语大学日语学院院长、日研中心主任周异夫在首届日语微视频大赛上点评时表示，大部分样本的主题确实围绕中国故事、展现了中国特色，然而，部分微视频反映出编码者缺少对所选主题的深度思考与理解，对主题的把握仍有失准度。就笔者于前文的分析来看，多主题的样本不占多数，并较多采用了平铺直叙的呈现方式，未能升华主题。这正是因为学生缺乏对中国故事的多角度观察与多维度理解，导致微视频虽然主题丰富却内容空洞刻板、缺乏真情实感。

结合中日解码情况，笔者认为，学生在制作中国故事微视频时，比起“多主题”更应重视“多维度”“多层次”主题思考的必要性。在编码过程中，既不可就单一主题强行加重宣传色彩，也不可刻意堆砌过多主题，导致逻辑错乱、本末倒置，而是应当选择适量的主题并充分考虑其中的层次与维度。例如，学生可以以“文化”“娱乐”等日本受众感兴趣的主题为切入点，在此基础之上穿插学生擅长讲述的中国特色，凸显多维度的中国发展样貌，让受众感受到多层次、立体化的中国故事魅力。

3. 创作方式

3.1 创作方式的编码情况

需要说明的是，受首届日语微视频大赛的赛事规则影响，样本的创作方式具有若干个高度相似的特征，主要为以下两点：含有真人出镜、设置了中日双语字幕。在此基础上，笔者就创作方式的编码概括出如下特点：

多元化的创作方式：除真人出镜，样本还以穿插采访环节、实地拍摄、图片与视频等资料作为主要创作方式，且绝大部分样本涉及三种及以上的创作方式。

“以小见大”的叙述方式：样本呈现出多种叙述方式。其中，约85%的样本在展开叙事时先从“身边事”这一小处着眼，而后逐步升华至新高度进一步叙述。由此可见，“以小见大”是此次样本中主要运用的叙述方式。

“日本风格”的设计元素：笔者在编码分析中发现，有8个样本在其封面或字幕等部分对日本影视作品的风格特点进行了参考与模仿。如下图所示，2个样本均使用了“日本风格”的文字字体与排列方式。可见学生在制作微视频时对受众群体有所考虑，并试图在创作方式上吸引受众群体。

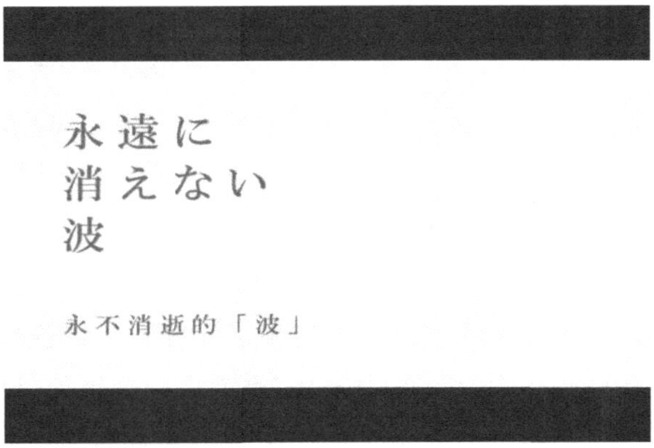

资料来源：引自微视频样本《永遠に消えない波》(永不消逝的波)

图3　样本《永遠に消えない波》(永不消逝的波)的旁白文本

资料来源：引自微视频样本《天津衛·橋の文化(笔者译)》(天津卫·桥文化)

图4　样本《天津衛·橋の文化(笔者译)》(天津卫·桥文化)的旁白文本

标题、内容用语具有中国特色：标题既是微视频信息的高度概括，也起到吸引受众的重要作用。据统计，约40%的样本在标题中使用了具有中国特色的词语。标题用词特点的具体情况如表2所示。

表2　样本标题用词的特点

标题用词特点	实际用例
使用"中国共产党"等政治词语	共产党的体育强国梦 （中国共産党の体育強国の夢）（笔者译）
使用中国成语或流行词语	白山黑水间的14年 （白山黒水における14年間）（笔者译）； 后浪（後浪）（笔者译）
其他含有中国特色的词语	人民城市人民建，人民城市为人民 （人民都市は人民によって築かれ、そして人民のためにある）

资料来源：笔者根据本文57个样本的标题情况制作

此外，绝大部分样本在内容文本的设计中使用了含有中国特色的词句。例如，多个样本在结尾处引用"实现中华民族伟大复兴的中国梦"作为视频结尾的升华；另有较多样本选用了"改革开放以来""第一个百年奋斗目标实现之际"等政策性语句作为时间性的表达。

3.2　创作方式的解码情况

3.2.1　日本媒体与意见领袖的解码

日本自媒体所撰写的相关文章中，不乏将微视频创作方式进行横向比较的自媒体文章。例如自媒体文章《中国の魅力を発信するおすすめYoutuber5選！》（5位宣传中国魅力的YouTuber）（笔者译）中，涉及了对比李姐妹ch与杨小溪的创作方式的内容。整合搜索结果，笔者发现，日本媒体与意见领袖青睐于微视频编码者通过个人生活、亲身经历等形式展现出自然、真实的中国故事。

3.2.2　日本普通受众的解码

如图5所示，日本普通受众在中国故事微视频的创作方式上，依次偏好于"分享个人生活经历""实地拍摄""引用视频、图片等资料"等形式。而对比编码与解码的结果可以发现，样本中使用最多的"采访"形式并未受到青睐。

在创作风格上，超半数日本受众希望中国故事微视频的风格能够"富有幽默感""简单易懂"。另一方面，针对样本中出现的"日本风格"设计元素、标题与内容词句富含中国特色的两类现象，本次问卷也调查了日本受众的相关看法。结果显示，针对"日本风格"的设计元素，约43%的受众认为"激发了自身观看微视频的欲望"，可见符合日本受众审美的设计元素在一定程度上确实具备吸引受众关注的效果；针对微视频的标题或内容中使用中国特色词语的现象，约34%的受众表示"激发了自身观看微视频的欲望"，另有约11%的受众发表了更多看法，主要可归纳为：受众会对此类有中国特色的词语产生一定的求知欲，并且希望在微视频中能够对相关词语进行附加说明。

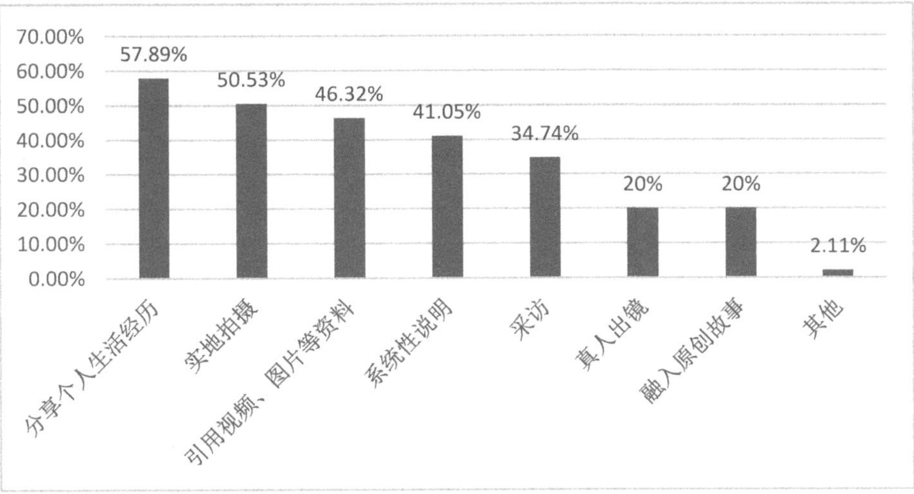

资料来源：笔者根据本文调查问卷所得结果，使用Excel绘制

图5　日本普通受众偏好的中国故事微视频的创作方式情况

3.2.3　中国专家的解码

中国学术界围绕"讲好中国故事"中存在的具体问题，特别是对受众群体的需求和文化背景等予以了较多的关注和探讨(李倩楠，2020：73-79)，而这与优化改善中国故事的创作方式也是息息相关的。不同国家在历史背景、文化理念、意识形态、价值判断等方面存在着客观差异，而"讲好中国故事"，不仅需要直面文化差异，更要跨越文化鸿沟，让外国受众愿意听、听得懂(刘艳霞、宋冰，2018：15-18)。如何"跨越文化鸿沟"，也正是中国故事微视频在创作方式层面亟待解决的重要问题。笔者通过整合多方观点发现，中国专家认为中国故事在创作方式上应当注意如下两点：

一是要加大精准传播力度。在跨文化传播背景下，需要着重考虑国际受众的感受，把握我国的表达欲求和国际受众需求的契合点(李倩楠，2020：73-79)。同时，也要注重国际传播的亲和力。创作时可以借助人类相通的情感理念来表达个性化的内容，拉近与国际受众之间的情感距离，在引发其认可与共鸣的同时，也能有效提升精准传播的力度。

二是要创新话语体系，改变叙述方式。基于历史文化、地域风俗等因素，中西方在话语体系方面存在较大差异(韩天炜，2018：130-131)。因此在创作时，有必要注重话语体系的对接，尝试创新话语体系，采用国外受众能够接受和理解的话语体系来讲述中国故事。

此外，多位专家认为让外国人讲述中国故事是值得尝试的一种路径。日语专家周异夫提出，"讲好中国故事"不局限于由中国人讲述中国故事，也可将目光投放得更远，让日本人讲中国故事。如此叙述方式，让外国人从原本"听故事"的人成为"讲故事"的人，讲述中国故事给自己的同胞听，有着独特的优势和事半功倍的传播效果(吴晓红，2020：117-122)，因此这种方式也值得学生在后续创作时参考借鉴。

结合中方专家的建议，笔者认为，学生有必要灵活运用创作方式，发掘与受众之间在情感层面上的共鸣。学生在选择创作方式时，应当充分考虑日本受众的文化背景，除表象的审美共性之外，要善于借助中日人民之间的深层共性等进行创作；同时，学生也有必要调整微视频的语言模式，在一定程度上保留中国特色词句的同时，融入自己的理解与跨文化表达上的创新，创作出日本受众真正愿意听、听得懂的语言表达。

4. 价值理念

4.1 价值理念的编码情况

通过编码分析，笔者认为本次样本主要包含以下五类具体的价值理念特点：

1. 样本充分展现了所在城市或地区的基本样貌，反映出该地区在国家相关政策指导下的和谐发展。例如，样本《澄んだ水と緑の山、福ある「道」》(绿水青山，有福之道)体现了福州市积极响应“绿水青山就是金山银山”的重要号召，建立起集人文与自然于一体的景观步道“福道”。

2. 样本通过讲述真实人物事迹，歌颂其美好精神，鼓励当代年轻人不断向上向善。例如《いてくれてUかった(笔者译)》(U你们真好)介绍了深圳市志愿者在服务组织“U站”为城市建设发光发热、致力于山区支教等志愿活动的无私奉献精神。

3. 样本以传统文化为主题，在向受众介绍传统文化历史渊源的同时，凸显出文化遗产的重要性，进而呼吁树立文化自信、传承传统文化，还在讲述相关文化传承人的传承故事的同时展现了其工匠精神。

4. 样本通过描述并展现所在城市或地区的日常生活或风景特色，向受众呈现某地区的美好生活与人文特色。例如《上海の日常(笔者译)》(上海寻常)以上海为舞台，对上海富有文化底蕴的老派风景建筑展开了介绍。

5. 样本以思政及历史教育、军事等为主题，深化思想教育、增强家国信念。例如样本《青春·使命·未来》(青春·使命·未来)以大学校园的军训为引，讲述了一名教官的军旅生活，彰显军人精神，点明了大学生参加军训的必要性以及中国青年应当背负的家国使命。

结合上述具体特点，可以看出，大部分编码者意在通过微视频向受众提供与中国有关的信息的同时，借微视频向受众展现出强大而友好的中国形象。可以说，编码者希望自身编码的中国故事微视频能尽可能多地具备信息价值与对外的宣传价值。

4.2 价值理念的解码

4.2.1 日本媒体与意见领袖的解码

根据笔者在谷歌、雅虎等日本主流搜索引擎网站上的调查发现，仅有少部分日本主流媒体侧重介绍中国故事微视频编码者的创作理念。例如日本媒体 NNA Asia、东京都日本中国友好协会等曾通过采访等方式，深度挖掘中国故事微视频编码者试图传递的价值理念。

另一方面，大部分日本自媒体虽然关注中国故事微视频，却更多地把注意力转向微视频带来的娱乐价值。此外，一些日本自媒体根据中国故事微视频能否让日本普通受众“轻松地观看”、能否“了解中国文化、中国人的生活或想法等”以及“有助于中文学习”等方面向受众推荐相关微视频，而这也反映了日本自媒体对中国故事微视频在娱乐、信息和学习方面的价值的关注与重视。

4.2.2 日本普通受众的解码

日本普通受众对价值理念的解码和日本媒体与意见领袖的解码相辅相成，因此，可以说，日本普通受众对中国故事微视频的解码也体现在娱乐、信息、学习这三个方面。

目前，中国故事短视频在编码阶段试图传递的价值理念以信息和对外宣传为主，这与日本受众解码情况尚有不甚契合之处，然而，这也从侧面体现了中国故事微视频可以在日本受众的预期需求之中寻找机会。就问卷调查结果来看，日本受众希望能在日本媒体与意见领袖的解码影响之外，自主通过微视频“管中窥豹”了解中国文化、社会、经济、政治等方方面面的信息，这正显示了日本受众对中国故事微视频丰富多元的信息价值的渴望。

4.2.3 中国专家的解码

教育部高等学校外国语言文学类专业教学指导委员会日语分委会主任委员修刚认为，首届日语微视频大赛既是外语教学与思政教育相结合的有力尝试，也是对建设中国对外宣传话语体系、解决中国“有理说不出”困境的积极探索。目前，中国仍在不断解决“失语就要挨骂”这一问题。而一部能够讲故事、讲情感、讲道理的中国故事微视频，有助于中国在对外宣传时向国际社会树立美好的中国形象，提升我国的国际话语权，向受众传递真正的中国形象与中国声音。

笔者认为，为强调中国故事微视频的信息价值，需要从根本上提升中国故事的跨文化传播质量。对此，中国故事必须在主题、形式、理念上潜心打磨，不断尝试与外国受众需求有所契合的编码创作，才有望让外国受众真正接纳中国故事微视频想要表达的深度信息。

另一方面，为提升中国故事微视频的对外宣传价值，需要在扩大中国故事的传播力度与广度上予以足够的重视。对此，有必要根据不同国家的受众现状实施针对性措施。以日本为例，日本老龄化程度较高，而大部分中老年人在一般没有使用微视频等新兴媒体的习惯。针对类似现状就需要我国国家层面制定相关战略、打通相关路径，让中国故事通过各类传播方式成功抵达世界人民所在的每个角落。

实际上，中国故事微视频除具备对外的宣传价值之外，还具备对内的宣传价值。“讲好中国故事”虽然在提出之初，针对的是对外话语体系建设和国际形象传播，但是在具体实践中，打破了内宣与外宣的界限、融通中外（姜红、印心悦，2021：4-8）。例如，从学生编码者角度来看，学生在用日语讲述中国故事的过程中，既能够“输出”自身所领悟的中国文化内涵，又能在素材的潜移默化之中将其转化成中国情怀的自我熏陶，这正是对内宣传价值的体现。中国故事微视频的对内宣传价值，也点明了扩大中国故事传播主体的必要性。中国故事说到底是中国人民的故事，每一个中国人都可以是讲述中国故事的主力军。号召高校学生加入中国故事传播者的行列，培养学生的文化素养、媒体素养，是扩大中国故事传播范围的重要依托，更是提升中国故事的传播质量的必经之路。

5. 结语

讲好中国故事、传播好中国声音，对于建构中国特色话语权、增强新时代中国文化软实力具有重要战略意义。而微视频这一与时俱进的形式相比于文字更直观、更生动，也更能成为讲好中国故事的重要手段。

笔者通过本文分析发现，学生在进行中国故事微视频的编码时主要存在以下优缺点：在主题选择上，学生擅长捕捉突发事件、中国特色内容等素材，却往往缺乏对主题内容的理解与思考，导致微视频内容空洞、刻板等问题。学生虽然能够运用多种创作方式，但是容易为了刻意体现中国特色而在用词用句上生搬硬套，忽略了跨文化传播背景下语言体系的客观差异。在价值理念上，学生编码的中国故事微视频具备向受众传递中国故事的信息价值与对外传播中国特色的宣传价值。然而，结合本文分析结果来看，学生对中国故事微视频的编码情况与日方解码情况尚不完全契合。针对该现状，结合中方专家的多角度观点，笔者也从主题选择、创作方式、价值理念三个方面提出了相关对策与建议：

在主题选择上，要更多地重视主题选择的深度与维度。笔者建议学生在编码过程中对多个主题进行深度思考，尝试以日本受众感兴趣的主题内容为切入点，并在此基础上结合有中国特色的主题内容，塑造出主题丰富且内容饱满的中国故事。

在创作方式上，要致力于构建情感共鸣、打破语境障碍。编码者应当着眼于提升跨文化背景下中国故事传播的亲和力，寻求与受众之间的情感共鸣，并借助创新话语体系这一思路，改变微视频的语言模式。编码者也可以尝试让外国人讲述中国故事，让各国受众心服口服地将中国故事看得清楚明白。

在价值理念上，要强调中国故事的信息价值，也要重视其对外与对内的宣传价值。一方面，如何将目前受众的解码情况从以娱乐的低层次价值为主转变为以信息、学习等更高层次价值为主，是中国故事微视频在价值理念方面需要突破的难关。另一方面，我们在注重扩大中国故事微视频对外传播范围的同时，也要意识到中国故事微视频的对内宣传价值。鼓励更多学生加入讲述中国故事的行列，引导学生在编码过程乃至于日常生活中增强自身的文化认同、坚定文化自信，这也有助于从根本上提升中国故事微视频的传播数量与质量。

最后，我们更要做好持之以恒对外传播中国故事的觉悟。我们必须在各方的共同努力下做好讲中国故事的持久性工作，让外国受众在逐渐习惯于聆听中国故事的过程中，自发地产生对中国故事的兴趣乃至思考，促使中国故事及其内涵价值走进世界各国人民的心里。

不过，在编码与解码的分析过程中，本研究仍有不足之处：因本研究以首届日语微视频大赛的57个初赛参赛作品为样本，而赛事规则本身对学生的编码确实产生了一定的影响，导致本文的编码分析结果具有一定的局限性。同时，由于中国故事微视频在日本的传播范围有限，因此本文主要基于日本媒体和意见领袖、日本普通受众针对在日本较为流行的部分中国故事微视频的解码情况进行了分析，导致本文的编码对象与解码对象虽同为中国故事微视频，却在微视频的具体内容上有所差异，由此也带来了一定的片面性。今后，笔者将进一步增加样本采集数量，例如将后续举办的日语微视频大赛的相关作品等也一并纳入样本范围，并尝试增设编码类目数量、扩大解码视角，或让日本受众针对学生的微视频作品进行感想阐述，对中国故事微视频的编码与解码进行更深层次的对比分析。

注释

①第一届全国高校日语专业“用日语讲好中国故事”微视频大赛由教育部高等学校外国语言文学类专业教学指导委员会日语分会指导、中国日语教学研究会、中国日语教学研究会上海分会和东华大学联合举办。旨在通过赛事提高学生日语能力的同时，进一步传播好中国声音和中国文化，于2022年7月—11月在东华大学进行，以下简称“首届日语微视频大赛”。

②多主题，即在同一个样本中包含2个及以上主题。

参考文献

[1] 决胜全面建成小康社会夺取新时代中国特色社会主义伟大胜利——在中国共产党第十九次全国代表大会上的报告[N].人民日报，2017-10-28(1).

[2] 李倩楠.“讲好中国故事”的研究综述与未来展望[J].克拉玛依学刊，2020，10(06)：73-79.

[3] 肖芳芳.文化自信与文学素养培养在英语教学中的价值研究[J].文学教育(下)，2019(5)：48-50.

[4] 陈争峰，郑沛，刘楠.“一带一路”倡议下陕西高校英语教学中文化自信的构建与研究[J]. 西安电子科技大学学报(社会科学版)，2019，29(4)：125-133.

[5] 张光明.开展英语学习活动 用英语讲好中国故事[J].江苏教育，2018(91)：10-13.

[6] 秦刚.中国特色社会主义的鲜明特色[J]. 中国特色社会主义研究，2007(5)：4.

[7] 习近平主持中共中央政治局第三十九次集体学习并发表重要讲话[EB/OL].(2022-05-28)[2022-8-26].http://www.gov.cn/xinwen/2022-05/28/content_5692807.htm.(中华人民共和国中央人民政府门户网站)

[8] 中国の魅力を発信するおすすめYoutuber5選！[EB/OL].(2022-04-19) [2022-8-27].https://beautifulchina666.com/564//(日本自媒体网站 beautiful china)

[9] 刘艳霞，宋冰.跨文化传播背景下讲好中国故事的问题及策略分析——以尼山书系·中国故事为例[J].出版参考，2018(07)：15-18.

[10] 韩天炜.如何讲好有世界意义的“中国故事”[J].人民论坛，2018(08)：130-131.

[11] 吴晓虹.跨越文化差异 精准传播中国形象——国际在线如何“讲好中国故事”[J].国际传播，2021(06)：117-122.

[12] 姜红，印心悦.从“用事实说话”到“讲好中国故事”——实践视野中新闻宣传观的升维[J].当代传播，2021(05)：4-8.

作者信息

姓名：劳轶琛

性别：女

单位：东华大学

研究方向：日语教学研究、翻译教学研究

电子邮箱：laoyichen@dhu.edu.cn

姓名：徐怡卿

性别：女

单位：东华大学

研究方向：日语翻译

电子邮箱：yq_jyo@foxmail.com

Tell Chinese stories in Japanese in the context of cross-cultural Communication

Donghua University　　Lao Yichen, Xu Yiqing

Abstract: Telling Chinese stories well is an important part of Xi Jinping Thought on Socialism with Chinese Characteristics for a New Era. To solve the problem of what kind of Chinese story to tell and how to tell a Chinese story in the context of intercultural communication, this article uses Hall's theory of "encoding and decoding" as the analytical framework, and uses the content analysis method. This article takes the competition entries from the first "Telling Chinese stories in Japanese" National Micro-video Competition for Japanese Major in Colleges and Universities as samples, and analyzes the encoding process of the samples by designing and constructing categories based on three aspects: "theme selection", "creation method" and "value concept". At the same time, the decoding of Chinese stories in the context of intercultural communication is examined from three perspectives: "views of Japanese media and key opinion leaders", "Japanese general audiences" and "comments by Chinese experts in various fields such as Japanese language and international cultural communication". Finally, this article proposes three strategies for telling Chinese stories by combining the results of decoding with the encoding process: strengthen the depth and dimension in the theme selection; build emotional resonance and break the contextual barrier in the creation method; emphasize the information value of Chinese stories and attach importance to their external and internal propaganda value, so that Chinese stories can be told well and imparted more effectively.

Key words: Intercultural Communication; Tell Chinese Stories; Micro-video

毗陵小片吴语与日语的音韵对比研究*

江苏理工学院　薛华民

[摘　要] 该文以“常用漢字表(2010)”中的2 076个汉字为样本，首先通过查阅工具书等确定其毗陵小片吴语的读音(部分汉字包括文白两种读音)及日语的吴音和汉音读音，然后分别从声母(首辅音)和韵母(首辅音以外部分)两个角度进行了对比，考察了毗陵小片吴语与日语的音韵对应特征。结果显示，吴语的声母与吴音及汉音首辅音的对应关系，相对于普通话和绝大部分其他方言要更加整齐；再者，入声韵与日语汉字音元音部分的对应关系，虽不如粤语等完整保留了三种入声韵尾的方言，但比起普通话及没有入声的方言有一定的优势。

[关键词] 毗陵小片吴语；汉音；吴音；音韵对比

1. 引言

公元5世纪前后汉字传入日本，日语在借用文字的同时也将汉字读音引入了日语的音韵体系。体系比较完整且被广泛使用的日语的汉字读音主要有“吴音”[六朝时期经由朝鲜半岛传到日本的中国南方(特别是长江下游)发音]和“汉音”(唐朝时期由遣唐使等传入日本的长安一带的发音)两种。由于日语的汉字音都是用日语的音韵体系去模仿当时的中国汉字音的，所以两者之间既有差异又非常相似。

国内外关于中日汉字音的对比研究为数不少，一般可以分为三类。

第一类是，通过对比日语汉字音与古汉语音韵来研究汉语的一些音韵问题，例如范淑玲(2005)通过日本早期的万叶假名讨论了中古时期的汉语声母；梁亚东(2003、2006)讨论了部分日语汉字音与《广韵》三四等字的关系；李香(2014)则通过日语的吴音着重讨论了六朝时期汉语的发音。第二类是，通过对比日语汉字音与古汉语音韵来研究日语的一些音韵问题。

* 基金项目：江苏理工学院社科基金项目“跨文化交际视域下的日语口语交际能力提升的研究”(项目号：KYY21512)的阶段性成果；江苏理工学院教学改革与研究项目“日语专业学生跨文化交际能力培养的研究”(项目号：11610812121)的阶段性成果。

例如应骥(1997)通过对比研究指出日语唇音存在一个演变过程;晋学新(1996),梁亚东(2006),刘富华、赵世海(2012)等分别讨论了日语如何在汉语的影响下产生了拨音、拗音及长音这类特殊发音的问题;张升余(2010、2011)讨论了"子"与"行"的唐音读法究竟是中世唐音还是近世唐音的问题。第三类主要都是将普通话拼音与日语汉字读音进行了对比,总结出对应规律,以期为日语教学服务。例如三好理英子(1993),王保田、王诗荣(1995),皮细庚(1996),万久富(1999),成春有(2002),王保田(2004)都是以1981年颁布的"常用漢字表"中的汉字为研究对象,从汉字的声母和韵母两个方面与日语的汉字音进行了对比分析并总结出了若干规律。薛华民(2012)则是以2010年颁布的"常用漢字表"中的汉字为调查对象,梳理了多音字后,从汉字的声母和韵母两个方面与日语的汉字音进行了对比并作了分析与说明。

本研究属于上述的第三类研究,但与上述研究相比有两大不同之处。其一,本研究的研究对象是保留了更多古汉语特征(比如全浊音)的毗陵小片吴语,而不是普通话,研究对象不同;其二,本研究把吴音和汉音分开讨论,更具有系统性及严谨性。

通过对比毗陵小片吴语的发音与日语汉字音,一方面可以明确两者之间的音韵对应情况,为毗陵小片乃至整个吴语区日语学习者提供便利;另一方面也可以了解到现代的毗陵小片吴语与六朝时期江南一带方言的相似之处以及差异所在。

2. 研究对象

本文的研究对象由毗陵小片吴语的发音和日语的汉字音(包括吴音和汉音)两部分构成。

2.1 毗陵小片吴语

毗陵为常州古称之一。所谓毗陵小片吴语便指的是常州一带的方言,是吴语太湖片的一个分支,也就是我们通常所说的常州话(或常州方言)。毗陵小片吴语共有28个声母(含"零声母")和43个韵母,这与普通话有比较大的出入,详见表1和表2[主要依据《常州方言词典》p13-15的内容并结合发音特征进行归类后制作而成,"[ ]"中的内容为国际音标(IPA)]。

表1 毗陵小片吴语声母表

清音声母	p[p^h]	b[p]	t [t^h]	d[t]	z[ts]
	c[ts^h]	s[s]	j [tɕ]	q[$tɕ^h$]	x[ɕ]
	k[k^h]	g[k]	h[h]	f[f]	
浊音声母	b'[p]	d'[d]	z'[dz]	s'[z]	j'[dʑ]
	g'[g]	h'[ɦ]	v [v]		
鼻音声母	m[m]	n[n]	ń[ȵ]	ng[ŋ]	
其他声母	l[l]	#(零声母)			

表2　毗陵小片吴语韵母表

单元音韵母	ī[ʅ]	i[i]	u[u]	ü[y]	ū[ɥ]
	a[ɑ]	ia[iɑ]	ua[uɑ]	o[o]	io[io]
双元音韵母	ai[æɪ] ou[ɤɯ]	uai[uæɪ] iou[iɤɯ]	ao[ɑɯ]	iao[iɑɯ]	ei[eɪ]
鼻音韵尾韵母	ang[ɑŋ]	iang[iɑŋ]	uang[uɑŋ]	en[əŋ]	uen[uəŋ]
	in[iŋ]	ün[yəŋ]	ong[oŋ]	iong[ioŋ]	
入声韵尾韵母	ah[ɑʔ]	iah[iɑʔ]	uah[uɑʔ]	eh[əʔ]	ieh[iəʔ]
	ueh[uəʔ]	oh[oʔ]	ioh[ioʔ]	uoh[uoʔ]	üeh[yəʔ]
其他韵母	ae[æ]	ie[iɪ]	uae[uæ]	oe[ɤ]	ioe[iɤ]
	uoe[uɤ]	er[ər]			

除了在声韵母上与普通话有较大区别外，毗陵小片吴语中的“文白异读”现象也是普通话中所不存在的。即有时候同一个汉字(非多音字)存在文读和白读两种读音。这种文白异读字主要分布在中古汉语三十六字母①的见母、溪母、疑母、晓母、匣母及微母中，除此以外还零星存在于其他声母中。这种文白异读现象在进行对比研究的时候也是需要加以注意的。

2.2　日语汉字音

日语汉字音指的是古代日本在引入汉字时模仿当时汉语的发音而形成的发音。根据其引入时期的不同，可分为古音、吴音、汉音、新汉音以及唐(宋)音等。其中体系完整且使用广泛的是汉音和吴音，也正因如此，本文选择了汉音和吴音作为研究对象。

2.2.1　吴音

吴音一般是指中国南北朝时期(公元5、6世纪)由与南朝有往来的百济人在传播佛教经典的同时传入日本的中国南方(长江下游)发音，故吴音多见于佛教用语。当时日本尊南朝为华夏之正，受南朝册封②，自然也积极学习当时的华夏之正音，即南方汉字音。这类汉字音传入日本后，在很长一段时间内都被称作“和音”。公元8世纪前半叶，特别是唐玄宗在位期间推崇长安音为正音，而将之前通用的金陵雅音等南方音贬斥为“吴音”。于是日本也效仿而尊长安音为汉音，而把来自中国南方音的“和音”改称为“吴音”。(佐藤喜代治，1996：50-51)这才有了“吴音”这样一个正式的名称。

另外据传钦明天皇时期百济僧人法明来到对马岛以吴音诵读维摩经并传播佛教(参照《広辞苑》中的“対馬音”词条)，因而吴音还有“对马音”的名称。实际上吴音的来源比较驳杂，体系上不如汉音完整，其读音主要根据古代的佛典与律令等史料进行推断，故有时比较困难，不同学者会得出不同结论，因此各类汉和字典也可能收录不同的读音。

2.2.2　汉音

汉音是指唐以降由遣唐使、音博士等传到日本的长安地区汉字音(秦音)。大化改新之后，日本积极学习唐朝的各种制度文化，也致力于长安地区汉字音的学习。这类汉字音并非一到日本就被称为“汉音”。正如上文所述，是在唐玄宗推崇长安音为正音贬斥南方音为“吴音”后，日本仿效唐朝将来自长安地区的汉字音（秦音）称为“汉音”，这才使得“汉音”这个名称正式确定下来。

与吴音相比，汉音的体系更加完善，绝大多数汉字的汉音都可以通过字典和韵书进行推定，因而各类汉和字典收录的汉音比较统一。正因为体系的完整性，汉音取得了日本汉字音中的核心地位，在明治时代成为创造新译词（和制汉语）的有力工具。

3.资料与方法

本研究采用对比研究的方法。所用汉字仅限于日本政府2010年颁布的“常用漢字表”中的汉字，剔除日语独有的汉字以及日语一般不用音读的汉字后，共有2 055字；然后将其中多音字按照不同字进行处理后，共得到2 076个汉字。这些汉字的书写方式遵循“常用漢字表(2010)”。

首先，根据《常州方言词典》（周源、屠国瑞，2011）确定上述2 076个汉字的毗陵小片吴语的读法，文白两读都进行记录；其次，在查阅《学研漢和大字典》（藤堂明保，1978）等辞书的基础上确定上述2 076个汉字的吴音及汉音读法；然后基于以上数据（见表3）将毗陵小片吴语的声母和韵母（主要采用文读读音进行对比，个别地方兼顾白读读音）分别与日语汉字音读（包括“吴音”和“汉音”）的首辅音和首辅音以外的部分进行对比，厘清吴语和日语汉字音的对应情况并对特殊情况进行分析；最后结合普通话与日语的音韵对应情况，总结毗陵小片吴语与日语的音韵对应特征。

表3　毗陵小片吴语的发音和日语的汉字音表（示例）

汉字	文读	白读	吴音	汉音
外	wa	nga	げ	が(ぐゎ)い
額	ngeh	ngoh	ぎゃく	がく
人	s'en	ńin	にん	じん
二	er	ńi	に	じ
下	ia	h'o	げ	か
学	iah	h'oh	がく	かく
孝	xiao	hao	こ(か)う	きょ(け)う
厚	h'ei	g'ei	こう	ぐ
格	geh	gah	かく	きゃく

4. 结果与分析

4.1 声母与日语音读首辅音的对应情况

根据声母类别，以下主要分为清音声母、浊音声母（不包含鼻音和边音）、鼻音声母和其他声母共四类进行讨论。

4.1.1 清音声母与日语音读首辅音的对应情况

表4 清音声母与日语音读首辅音的对应情况

<table>
<tr><th colspan="2">声母</th><th>吴音辅音</th><th>例外</th><th>汉音辅音</th><th>例外</th></tr>
<tr><td colspan="2">b</td><td rowspan="3">は行</td><td></td><td rowspan="3">は行</td><td></td></tr>
<tr><td colspan="2">p</td><td></td><td></td></tr>
<tr><td colspan="2">f</td><td>肪（并）、復（并）</td><td></td></tr>
<tr><td colspan="2">g</td><td rowspan="6">か行</td><td>拐（群）</td><td rowspan="6">か行</td><td></td></tr>
<tr><td colspan="2">h</td><td></td><td></td></tr>
<tr><td colspan="2">j</td><td>畿（群）、狙（清）</td><td>狙（清）</td></tr>
<tr><td colspan="2">k</td><td>苛（匣）</td><td></td></tr>
<tr><td colspan="2">q</td><td>妻（清）、戚（清）、圈（群）</td><td>妻（清）、戚（清）</td></tr>
<tr><td colspan="2">x</td><td></td><td></td></tr>
<tr><td colspan="2">s</td><td>さ行</td><td>適（端）</td><td>さ行</td><td>適（端）</td></tr>
<tr><td colspan="2">d</td><td rowspan="2">た行</td><td>怠（定）</td><td rowspan="2">た行</td><td></td></tr>
<tr><td colspan="2">t</td><td>脱（透/定）、跳（定）</td><td></td></tr>
<tr><td rowspan="2">c/z</td><td>精/章/莊/清/初/昌</td><td>さ</td><td></td><td>さ</td><td></td></tr>
<tr><td>知/徹</td><td>た行</td><td>沖（澄）、緻（澄）</td><td>た行</td><td></td></tr>
</table>

如上表所示，毗陵小片吴语的清音声母对应吴音及汉音的也基本都是清辅音。也存在一些例外，是因为这些例外在中古汉语中基本都是浊音，但到了现代毗陵小片吴语中变成了清音。具体情况如下：

声母“b/p/f”：吴音（有个别例外情况）和汉音对应的都是は行辅音。

声母“g/k/h/j/q/x”：除了极少数例外，吴音和汉音都对应的是か行辅音。

声母“s”：除了个别例外，吴音和汉音对应的都是さ行辅音。

声母“d/t”：除了个别例外，吴音和汉音对应的都是た行辅音。

声母“c/z”：若对应的中古汉语声母为“精母/章母/莊母/清母/初母/昌母”，则吴音和汉音对应的都是さ行辅音；若对应的中古汉语声母为“知母/徹母”，则吴音和汉音对应的都是た行辅音。

4.1.2 浊音声母与日语音读首辅音的对应情况

如表5所示，毗陵小片吴语的浊音声母对应的吴音首辅音为浊音，而对应的汉音首辅音则为清音。具体对应情况如下：

声母“b’”：吴音对应的是ば行辅音(有个别例外)，汉音对应的是は行辅音。

声母“d’”：吴音对应的是だ行辅音(有个别例外)，汉音对应的是た行辅音。

声母“g’ /h’/ j’”：吴音对应的是が行辅音(有个别例外)，汉音对应的是か行辅音。

声母“v”：当中古汉语声母为“明母”时，吴音对应的是ま行辅音，汉音对应的是ば行辅音；当中古汉语声母为“並母”时，吴音对应的是ば行辅音，汉音对应的是は行辅音。

声母“s’”：当中古汉语声母为“常母/従母/崇母/船母/邪母”时，吴音对应的是ざ行辅音(有个别例外)，汉音对应的是さ行辅音；当中古汉语声母为“澄母”时，吴音对应的是だ行辅音(有个别例外)，汉音对应的是た行辅音；当中古汉语声母为“日母”时，吴音对应的是な行辅音(有个别例外)，汉音对应的是ざ行辅音。

声母“z’”：当中古汉语声母为“常母/従母/崇母”时，吴音对应的是ざ行辅音，汉音对应的是さ行辅音；当中古汉语声母为“澄母”时，吴音对应的是だ行辅音(有个别例外)，汉音对应的是た行辅音。

表5 浊音声母与日语音读首辅音的对应情况

声母		吴音	例外	汉音	例外
b’		ば行	爆(帮)	は行	
d’		だ行	踏(透)	た行	
g’		が行	潰(匣)	か行	
h’			画(匣)、和(匣)		
j’					
v	明	ま行		ば行	
	並	ば行		は行	
s’	常/従/崇/船/邪	ざ	召(常/澄)、薦(精/从)	さ	
	澄	だ行	嘲(知)	た行	
	日	な行	鋭(以)	ざ行	
z’	常/従/崇	ざ		さ	
	澄	だ行	貯(知)	た行	

4.1.3 鼻音声母与日语音读首辅音的对应情况

表6 鼻音声母与日语音读首辅音的对应情况

声母		吴音辅音	例外	汉音辅音	例外
m		ま行		ば行	盟、明、鳴、命、銘、名、冥、盲、猛
n		な行		だ行	
ng(疑)		が行		が行	
ń	疑	が行	鳥	が行	鳥
	泥	な行		だ行	
	日	な行		ざ行	

如表6所示，毗陵小片吴语的鼻音声母对应的吴音首辅音基本为鼻音，而对应的汉音首辅音则基本都是浊音。具体对应情况如下：

声母“m”：吴音对应的是ま行辅音，汉音对应的是ば行辅音，但存在若干的例外（韵母部分是后鼻音的汉字）。

声母“n”：吴音对应的是な行辅音，汉音对应的是だ行辅音。

声母“ng”：吴音和汉音对应的都是が行辅音，该类汉字中古声母均为“疑母”。

声母“ń”：当中古汉语声母为“疑母”时，吴音和汉音均对应的是が行辅音；当中古汉语声母为“泥母”时，吴音对应的是な行辅音，汉音对应的则是だ行辅音；当中古汉语声母为“日母”时，吴音对应的是な行辅音，汉音对应的则是ざ行辅音。

4.1.4 其他声母与日语音读首辅音的对应情况

表7 其他声母与日语音读首辅音的对应情况

声母		吴音辅音	例外	汉音辅音	例外
l		ら行		ら行	
#	匣母	が行/#		か行	
	泥母	な行		ざ行	
	疑母	が行		が行	
	影母/以母/云母	#		#	

如上表所示，毗陵小片吴语的边音声母“l”与日语音读首辅音的对应情况非常简单明了，即吴音和汉音对应的都是ら行辅音，无一例外。

而毗陵小片吴语的零声母，根据其中古汉语声母的不同，对应情况有所不同，具体如下：当中古汉语声母为“匣母”时，吴音对应的是が行辅音或者零辅音（主要为合口呼），而汉音对应的是か行辅音；当中古汉语声母为“泥母”时，吴音对应的是な行辅音，而汉音对应的是ざ行辅音；当中古汉语声母为“疑母”时，吴音和汉音对应的都是が行辅音；当中古汉语声母为“影母/以母/云母”时，吴音和汉音对应的都是零辅音。

4.2 韵母与日语音读首辅音以外部分的对应情况

根据韵母的类别特征，以下主要分为单元音韵母、双元音韵母、鼻音韵母、入声韵母和其他韵母五类进行讨论。

4.2.1 单元音韵母与日语音读首辅音以外部分的对应情况

如表8所示，单元音韵母多数情况下对应日语音读的短音，但也有比较多的例外，具体情况如下：

韵母“o/io”：除去个别例外，对应的吴音是あ段或え段的短音，而对应的汉音是あ段的短音。

韵母“ü/ū”：除了个别例外，对应的吴音和汉音都是う段或お段的短音。

韵母“ua”：对应的吴音是え段的短音，而对应的汉音是あ段和い段的双元音“ai”（有个别例外）。

韵母“a/ia/i/u/ī”：这些韵母对应的吴音和汉音形式多样，比较复杂。其中有些字在毗陵小片吴语中已经失去入声，而在日语中依然保留了入声，例如“臆、億、憶、副、拉、借”等字。

表8 单元音韵母与日语音读首辅音以外部分的对应情况

<table>
<tr><th>韵母</th><th>吴音</th><th>例外</th><th>汉音</th><th>例外</th></tr>
<tr><td>a</td><td>a/ya/ai/e</td><td>拉、打</td><td>a/ya/ai</td><td>拉、打</td></tr>
<tr><td>ia</td><td>ya/e</td><td rowspan="2">借</td><td>a/ya/ai</td><td>借</td></tr>
<tr><td>ua</td><td>e</td><td>ai</td><td>誇</td></tr>
<tr><td>i</td><td>ai/i/e/o/yui</td><td>臆、億、憶</td><td>ei/i</td><td>臆、億、憶</td></tr>
<tr><td>o</td><td>e/ya</td><td>車</td><td>a</td><td></td></tr>
<tr><td>io</td><td>e</td><td></td><td>a</td><td></td></tr>
<tr><td>u</td><td>u/o/yo</td><td>副</td><td>u/ū/o/yo</td><td>副</td></tr>
<tr><td>ī</td><td>i/ei/ai</td><td></td><td>i/ei</td><td></td></tr>
<tr><td>ü</td><td>o/u/yu/yo</td><td>婿</td><td>o/u/yu/yo</td><td>婿</td></tr>
<tr><td>ū</td><td>o/u/yu/yo</td><td>吹、水</td><td>o/u/yu/yo</td><td>吹、水</td></tr>
</table>

4.2.2 双元音韵母与日语音读首辅音以外部分的对应情况

如表9所示，双元音韵母对应的日语音读的长短情况不一，具体情况如下：

韵母“ao/iao”：对应的吴音和汉音无一例外都是お段长音。

韵母“ei”：除了个别例外，对应的吴音是う段短音，而对应的汉音无一例外都是お段和う段长音。

韵母“ou”：除了个别例外，对应的吴音和汉音都是あ段或お段短音（“a”或“o”）。

韵母“iou”：对应的吴音是う段短音（“幼” 例外），而对应的汉音是う段长音。

韵母“ai”和“uai”：两个韵母对应的吴音和汉音都形式多样，比较复杂。

表9　双元音韵母与日语音读首辅音以外部分的对应情况

韵母	吴音	例外	汉音	例外
ao	ō/yō		ō/yō	
iao	yō		ō/yō	
ai	ai/i/e/ui		ai/ui/i	
uai	i/e/ai/ui/ei		i/ai/ui/ei	
ei	u/yu	抽、酎、宙、昼、柔	ō/ū/yū	
ou	a/o	剖、錯	a/o	初、剖、母
iou	u/yu	幼	yū	

4.2.3　鼻音韵母与日语音读首辅音以外部分的对应情况

如表10所示，由于毗陵小片吴语的部分鼻音韵母中包含了普通话中的前后鼻音两种情况，因而与日语音读首辅音以外部分的对应情况不一，具体情况如下：

韵母“ang/iang/uang”：对应的吴音和汉音都是お段长音。

韵母“ong/iong”：对应的吴音有长音（う段、お段）也有短音（う段、お段），而对应的汉音则全为长音（う段、え段、お段）。

韵母“en/in/uen/ün”：对应的吴音有以长音结尾（お段）和以拨音“N”结尾的两种情况，对应的汉音同样有以长音结尾（え段、お段）和以拨音“N”结尾的两种情况。这几个韵母可以参考普通话的韵母，若普通话的韵母为前鼻音，则对应拨音“N”，若普通话的韵母为后鼻音，则对应长音。

表10　鼻音韵母与日语音读首辅音以外部分的对应情况

韵母	吴音	例外	汉音	例外
ang	ō/yō		ō/yō	
iang	ō/yō		ō/yō	
uang	ō/yō		ō/yō	
ong	u/yu/o/ū/yū/ō/yō		yū/ō/yō	
iong	yū/ō/yō/u/yu		yū/ō/yō/ei	
en	oN/uN/iN/yuN/ō/yō		oN/uN/iN/yuN/ei/ō/yō	
in	iN/oN/ō/yō		iN/ei/ō/yō	
uen	oN/yuN/ō		oN/yuN/iN/ō	
ün	uN/iN/yuN/oN/yō		uN/iN/yuN/ei	

4.2.4 入声韵母与日语音读首辅音以外部分的对应情况

表11 入声韵母与日语音读首辅音以外部分的对应情况

韵母	吴音	例外	汉音	例外
ah	～ti/yaku/～ō		atu/～aku/～ō	
eh	～ti/～ku/iki/yū/～ō		～tu/～ku/eki/yū/～ō	
iah	～ku/yō		～ku/eki/yō	
ieh	～ti/yaku/iki/yū/～ō		～tu/eki/yoku/yū/yō	
ioh	～ku		～ku	
oh	～ku		～ku	
uah	～ti		～tu	
uoh	～ku		～ku	
üeh	～ti/iki/yaku		～tu/eki/yoku	
ueh	～ti/aku/yū		～tu/aku/yū	

如表11所示，由于中古汉语的三种入声[3]在毗陵小片吴语中统一变成了喉塞音，因而其入声韵母与日语音读首辅音以外部分的对应情况比较复杂，具体情况如下：

韵母“oh/ioh/uoh”：对应的吴音和汉音均以“く(ku)”结尾。

韵母“uah”：对应的吴音以“ち(ti)”结尾，对应的汉音以“つ(tu)”结尾)。

韵母“ah/eh/iah/ieh/üeh/ueh”：对应的吴音和汉音都有多种情况，比较复杂。

4.2.5 其他韵母与日语音读首辅音以外部分的对应情况

表12 其他韵母与日语音读首辅音以外部分的对应情况

韵母	吴音	例外	汉音	例外
ae	aN/eN/oN		aN	
uae	eN/aN		aN	
oe	aN/eN/oN		aN/eN	
ioe	eN/oN		eN	
uoe	aN/eN		aN	
ie	eN/oN		eN/aN	
er	i		i	

如表12所示，这几个其他韵母与日语音读首辅音以外部分的对应情况比较工整，具体情况如下：

韵母“ae/uae/oe/ioe/uoe/ie”[④]：对应的吴音和汉音均以拨音“N”结尾。其中吴音的元音较为复杂，而汉音的元音则相对单纯。

韵母“er”：对应的吴音和汉音均为い段短音（“i”）。实际上该韵母是在北方话的影响下形成的文读韵母，其白读韵母为“i”，这与吴音和汉音完全一致。

5. 小结与讨论

毗陵小片吴语的声母与日语汉字音首辅音的主要对应特征：(1)清声母对应的吴音和汉音的首辅音均为清音；(2)浊声母对应的吴音首辅音为浊音，对应的汉音首辅音为清音；(3)鼻音声母对应的吴音首辅音基本为鼻音（中古声母为“疑母”的例外），而对应的汉音首辅音则都是浊音。(1)和(2)反映出六朝时期的南方音中全浊声母与清音声母存在区别，且这种区别在毗陵小片吴语中一直延续到了今天，而在唐代长安音中这种区别就已经不复存在了；(3)反映出六朝时期南方音中鼻音声母在毗陵小片吴语中一直延续到了今天，而在唐代长安音中就已经消失不见了（去鼻音化现象）。

毗陵小片吴语的韵母与日语汉字音元音部分的主要对应特征：(1)韵母“en/in/uen/ün”对应的吴音和汉音既有长音也有以拨音“N”结尾的情况，这是因为毗陵小片吴语中没有了前后鼻音的区别；(2)入声韵母对应的吴音和汉音都是以“ち”“つ”“き”“く”、お段长音或う段长音的其中一个结尾；(3)源自中古汉语的“山摄”“咸摄”及“臻摄元韵”的韵母“ae/uae/oe/ioe/uoe/ie”对应的吴音和汉音均以拨音“N”结尾。毗陵小片吴语中这类韵母都已经脱落了鼻音韵尾，与六朝时期的南方音已经相去甚远。

从日语学习的角度来看，首先以毗陵小片吴语为母语的说话人，可以利用吴语中本身存在的全浊声母发音方法去发日语的浊辅音，这种优势是普通话和绝大部分其他方言所不具备的；其次声母与吴音及汉音首辅音的对应关系，相对于普通话和绝大部分其他方言要更加整齐，可以参考使用；再者入声韵与日语汉字音元音部分的对应关系，虽不如粤语等完整保留了三种入声韵尾的方言，但比起普通话及没有入声的方言有一定的优势，可以参考使用；最后，由于毗陵小片吴语不分前后鼻音，含鼻音韵尾的韵母与日语汉字音元音部分的对应关系不如普通话整齐，可以通过普通话韵母与日语汉字音元音部分的对应关系进行弥补。

本研究仅就“常用漢字表(2010)”中的2 076字做了对比，研究结果的代表性及概括性显然受到一定的限制。但即便如此，这一研究结果仍然可以在很大程度上概括出毗陵小片吴语与日语的音韵对应关系，对于讲毗陵小片吴语或相近方言的日语学习者学习日语也有较大的参考价值。另外，今后需要对比研究过程中出现的例外现象进行进一步的研究和分析，并探究其背后的原因。

注释

① 三十六字母：帮滂并明（重唇音）、非敷奉微（轻唇音）、端透定泥（舌音）、知彻澄娘（舌上音）、精清从心邪

（齿头音）、照穿床审禅（正齿音）、见溪群疑（牙音）、晓匣影喻（喉音）、日来（舌齿音）。其中一般认为古无轻唇音，即“非敷奉微”四个声母在《切韵》问世的隋文帝时期不存在。

② 《宋书·夷蛮传》记载，倭五王（赞、珍、济、兴、武）在413年至478年间多次遣使南朝，奉献贡品。

③ 唇音入声/p/、齿音入声/t/和喉音入声/k/。在日语的吴音和汉音中，这三类入声韵尾都有对应整齐的发音，即/p/对应“ふ（fu）”，/t/对应“ち（ti）”或“つ（tu）”，/k/对应“き（ki）”或“く（ku）”。其中“ふ（fu）”由于后来发生了“は行转呼”（词尾的は行音读わ行音），变成了现在的う段长音或お段长音。

④ 这六个韵母来自中古汉语的“山摄”“咸摄”及“臻摄元韵”，普通话拼音均含“an”。

参考文献

[1] 佐藤喜代治.漢字百科大事典[K].東京：明治書院，1996.

[2] 藤堂明保.学研漢和大字典[K]，東京：学習研究社，1978.

[3] 三好理英子.中国語（普通話）を第1言語とする日本語学習者のための日中漢字音対照研究〔含 資料〕[J].日本語教育研究，1993(26)：87-102.

[4] 成春有.日语汉字音读研究 [M].合肥：中国科技大学出版社，2002.

[5] 范淑玲.从万叶假名看汉语中古音声母——以《日本书纪》音假名为例[J].山东大学学报（哲学社会科学版），2005(4)：56-62.

[6] 晋学新.论古汉语音韵对日语的影响[J].外国语文，1996(3)：67-71.

[7] 李香.日译吴音的读音层次与六朝南音[M].广州：世界图书出版社，2014.

[8] 梁亚东.汉音与《广韵》四等韵之介音[J].长春师范学院学报，2003(03)：118-119.

[9] 梁亚东.拗音与《广韵》三四等韵[J].古汉语研究，2006(2)：83-84.

[10] 皮细庚.汉字音读与汉字原音[J].外国语，1996(5)：64-68.

[11] 万久富.中日汉字的读音比较[J].日语学习与研究，1999(1)：35-38.

[12] 王保田.关于汉语的韵母与日语汉字音读[J].日语学习与研究，2004(3)：34-38.

[13] 王保田，王诗荣.汉语声母与日语汉字读音的对应规律[J].湖南大学学报（社会科学版），1995(1)：114-117.

[14] 徐涵.国内日语汉字音读研究综述[J].日语教育与日本学，2017(2)：99-110，149.

[15] 薛华民.中国人日本語学習者のための中日漢字音対照研究[J].日本学研究，2012(1)：71-82.

[16] 应骥.试析日语汉字音读及其汉语读音[J].日语学习与研究，1997(1)：25-33.

[17] 张升余.关于日文汉字“子”字唐音读法的考察——以近世唐音为中心[J].外语教学，2010，31(5)：20-24.

[18] 张升余.关于日文汉字“行”字的唐音考察[J].外语教学，2011(4)：41-46.

[19] 赵世海，刘富华.论中古汉语音韵对域外方言语音体系的影响——以日语拨音为例[J].学术交流，2012(8)：152-156.

[20] 周源，屠国瑞.常州方言词典[K].南京：江苏教育出版社，2011.

作者信息

姓名：薛华民

性别：男

单位：江苏理工学院

研究方向：日语教育
电子邮箱：huamin@jsut.edu.cn

A Comparative Study of Phonology between Changzhou dialect and Japanese

Jiangsu University of Technology　　Xue Huamin

Abstract: This paper used the 2076 Chinese characters in the 'Joyo Kanji (2010)' as samples. Firstly by consulting reference books to find out the pronunciation of Changzhou dialect (some Chinese characters include two pronunciations of Wendu and Baidu), as well as Wu-reading and Han-reading in Japanese. Then to reveal the phonological correspondence between Changzhou dialect and Japanese, this paper compared the pronunciation of Changzhou dialect and Japanese reading from the perspectives of initial consonants and finals. The results show that the correspondence between the initial consonants of Changzhou dialect and the initial consonants of Japanese is more orderly than that of Mandarin and most other dialects. Moreover, although the corresponding relationship between the entering tone of Changzhou dialect and the finals of Japanese is not as complete as Cantonese and other dialects that retain three entering tones, it has certain advantages over Mandarin and dialects without entering tones.

Key words: Changzhou dialect; Han-reading; Wu-reading; phonological comparison

基于DP理论的中日女性友人间道歉行为研究

浙江师范大学　余　颖

[摘　要] 本研究基于宇佐美まゆみ提出的话语礼貌理论，利用BTSJ语料库及笔者录音收集的自然道歉会话，从话语层面分析汉日道歉会话，比较双方道歉行为表述连锁链模式及基本态的不同。对道歉行为的“基本态”认定后，我们发现在汉语母语者的会话中存在“引起注意—导入话题—状况说明—陈述不快行为—承认过错—直接道歉—说明理由—提出方案—追加方案—结束会话”等10个表述过程，而日语母语者的会话中则有“引起注意—导入话题—状况说明—承认过错—陈述不快行为—直接道歉—说明理由—询问意见—表示内疚—再次道歉—三次道歉—结束会话”等12个表述过程。

[关键词] 话语礼貌理论；道歉行为；表述连锁链；基本态；中日女性友人

1.引言

道歉与感谢、请求、拒绝等行为一样，与我们的日常生活紧密相关，为十分重要的社会语言之一。熊谷(1993:4)将道歉行为定义为“说话者对于自身过错及对对方造成损害的责任的承认，从而请求对方的原谅，并基于此期望修复人际关系的行为”。[①] 由此可见，道歉行为，特别是不同文化语境下的道歉行为可能存在较大差异，这种差异易引起人际间的摩擦。以往有关汉日道歉行为的研究多集中于对言语行为的研究上，包括对道歉固定表达及非固定表达的考察。其中，对道歉固定表达的研究主要从语用学(中田智子，1989；三宅和子，1994等)、社会语言学(山本もと子，1986等)及比较语言学(柏木厚子，2015)的视角出发，对道歉的固定表达在不同场合中的功能、道歉会话双方对道歉行为的认知等方面进行了考察；对道歉非固定表达的研究主要从语用学(单，2009；梁，2011；黎，2015等)及比较语言学(李，2018等)的视角出发，考察了人际关系等因素对道歉策略使用的影响。

虽然前人针对道歉行为进行了诸多研究，取得了不少成果，但也存在以下问题：

①已有研究中的语料多来自影视作品或调查问卷。影视作品台词便于收集且数量众多，

但与自然会话仍有一定的差距；调查问卷虽比影视台词更自然真实，但存在难以考察整体会话的缺点。

②已有研究主要依据Brown与Levinson（下文简称B&L）的礼貌策略理论考察道歉行为中礼貌策略的运用。但其仅着眼于道歉行为中有意识地使用的策略部分，忽略了日常生活中无意识地使用的言语行为，如话题展开方式等内容，较少从整体会话出发把握“道歉”行为。

③已有研究多聚焦于日英、日韩对比及汉英对比，汉日对比鲜少涉及。在中日双方交往愈发密切的今天，明确汉日语言中各自道歉行为的基本态能够一定程度上减少中日间的文化摩擦。

基于上述几点问题，本文拟以汉日道歉自然会话为语料，运用重视分析整体会话的DP理论，考察汉日道歉行为的表述连锁链模式和“基本态”有何异同点，并认定其基本态，以期为中日跨文化交际的顺利开展提供一定的参考与帮助。

2. 研究方法

2.1 DP理论

继B&L于1987年提出礼貌策略理论后，宇佐美まゆみ从研究范围、普遍性、视点和理解角度等多方面较为系统地指出了礼貌策略理论的不足之处。她指出需要从话语层面把握“礼貌”，并确立更具普适性的礼貌理论（宇佐美まゆみ，1993：27），并将这一理论正式命名为话语礼貌理论（Discourse Politeness Theory）（宇佐美まゆみ，1998：151），简称DP理论。DP理论认为，同一行为的基本态在不同文化中亦具有差异，为了减少跨文化交际所产生的误解与矛盾，我们首先需要从整体话语层面出发，认定各文化中不同活动类型的主要构成要素，而其中，又以从不同语言间的对比着手为宜②。（宇佐美まゆみ，2001：35）

DP理论的核心概念共有十个，本文主要涉及以下四个概念：有标记性礼貌与无标记性礼貌、基本态、三种礼貌效果和面子威胁大小（De值）。③

2.2 研究步骤

道歉行为和语言表达可能会因性别、年龄等的不同而有所差异。限于篇幅，本文将聚焦于同性友人之间的道歉行为，且根据研究条件选定了女性友人间的自然会话为研究语料。日语语料选自『BTSJ日本語自然会話コーパス（トランスクリプト·音声）2021年3月版』，该语料库中共收录女性友人间的日语道歉自然会话16组。为确保语料对等，本文仿照日语道歉场景设定汉语道歉场景，通过录音收集相同组数的汉语道歉自然会话，并根据宇佐美（2019）的“基本文字化原则”对汉语道歉会话的录音进行文字化处理；其次，分析文字化后的日语及汉语道歉会话语料，认定其中出现的表述连锁链项目；此后归纳各表述连锁链项目在日语及汉语道歉会话中的出现频率，并通过卡方分析检验各表述连锁链项目在中日道歉会话中出现的频率是否存在显著差异；最后抽出出现频率高于50%的表述连锁链项目，认定为汉日道歉行为的基本态。

2.3 语料信息

本文选择中日两国18～23岁的女大学生及研究生共64人作为调查对象，出生地不限。汉语调查对象全部来自浙江某省属重点师范大学。调查对象具体信息如下：

表1 调查对象信息表

	人数	年龄	性别	人际关系
汉语母语者（下文简称CN）	32人	18～23岁	女	友人
日语母语者（下文简称JN）	32人	18～22岁	女	友人

本文在对汉语母语者进行语料收集时，仿照了BTSJ中的道歉场景，将32名汉语母语者按照2人一组随机分成16组，告知其道歉场景设定并用手机进行录音。道歉场景设定如下：假设一人为A，另一人为B。在A的请求下，B通过拜托他人才帮A求得一份兼职。然而在两个月后，A因看到另一份条件更加优越的兼职而试图辞去现在的兼职，并就此事向B道歉。

表2 汉日道歉行为的语料信息

	会话组数	会话总时长
CN	16组	68分52秒
JN	16组	56分53秒

3. 结果的分析与考察

3.1 统计及分析

梨（2015：68）在考察日语商务邮件中的道歉表达时提出了“道歉表达”“提出补偿”“感谢”“寒暄”“提案”等共25种语义类型。单（2009：114）认为日语道歉行为的辅助策略包含“承认责任”“陈述不快行为”“说明理由”“承诺或者补偿”“表明关心”“表白心情”“称呼语”及“转移话题”等辅助行为。本文参考上述语义类型，考虑到本文研究语料的具体内容，依据DP理论中表述连锁链相关观点对日语和汉语道歉行为的会话进行分析后，将出现的表述连锁链项目总结在表3中。

表3　汉日道歉行为中的表述连锁链[④]

表述连锁链	定义	示例	
引起注意	说者引起听者注意的话语	汉	称呼
		日	あのさ
开场寒暄	表示问候的寒暄语	日	久しぶり。
		汉	/
导入话题	提出与道歉内容相关的话题	汉	之前我不是求你帮我找兼职了吗?
		日	バイト紹介してもらったじゃん。
状况说明	阐述不快行为发生的背景	汉	我最近又看到了一个招聘的。
		日	今日の新聞でもっと時給が高くて、しかも家から近い所のバイト見付けた。
陈述不快行为	陈述"说话人对对方施与了怎样的不快行为"的行为	汉	我就想说那个老师那个任务可能就先不做了。
		日	実は辞めようと思ってるんだ。
承认过错	承认自身责任及行为的错误性	汉	的确是我考虑不太周到。
		日	すごい自分勝手なことをすごい言ってるのも分かるんだけど。
道歉表达	道歉的定型表现	汉	不好意思/对不起。
		日	申し訳ない/ごめんね。
说明理由	说明做出不快行为的原因	汉	因为他那边离我家比较近嘛,而且你知道我最近比较缺钱。
		日	今よりも近い所にあって、すごい通いやすいし、自分の条件にぴったりなんだよね。
询问意见	向听者询问解决方案或对自身提案的意见	汉	你觉得该怎么办比较好?
		日	どう思う?
表示内疚	自我谴责或表达愧疚的心情	汉	当时很信任你帮我求到了这份工作,现在觉得很抱歉,我也想了很久要不要继续这份工作。
		日	なんか、わざわざ紹介してもらったのに。
强调理由	通过重复或具体解释等方式强调已提过的理由	汉	是,但是因为他那边不是离我家比较近嘛,主要是你也知道我最近比较缺钱嘛,对吧。
		日	まー、そうなんだけど、ちょっとね、や、本当よさそうなんだよね、そこが。
追加理由	提出与前述不同的其他理由	汉	然后还有这个语料因为是英语,感觉好像翻译起来还蛮吃力的。
		日	私今そのホールだけど、なんだろう、ちょっとあまり合わないで。

（续表）

表述连锁链	定义		示例
弱化责任	减轻自身不快行为的责任	汉	我当时看完之后我就想着，我先把简历发过去看看，那个通不通过还是一回事儿。
		日	でも、やっぱりアルバイトだし…
再次道歉	再次进行定型道歉	汉	不好意思/对不起。
		日	申し訳ない/ごめんね。
提出方案	针对不快行为提出补偿、建议或解决方法等	汉	这期间我去找一找还有没有其他可以做的人。
		日	じゃあと1ヶ月やってみて。
追加方案	提出与前述不同的其他解决方法或建议等	汉	要不然能不能尽量先完成他那个然后再去做我那个。
		日	/
三次道歉	进行第三次定型道歉	汉	不好意思/对不起。
		日	申し訳ない/ごめんね。
接受提议	同意及接受对方提出的解决方法	汉	也行，嗯嗯。
		日	そうだね、そうしようか。
表示感谢	向对方表达感谢之情	汉	谢谢。
		日	ありがとう。
提出补偿	说话人向听者提供除解决方案以外的补偿	汉	我请你吃饭吧。
		日	じゃ今日私奢るからさ。
结尾寒暄	表示拜托的寒暄语	汉	/
		日	宜しくお願いします。
结束会话	表示会话结束的语句	汉	好，拜拜。
		日	じゃね。

由表3可得，在对语料进行分析后共抽出22种表述连锁链项目，其例句片段如下文所示。其中道歉方的CN记为CN01，被道歉方记为CN02；道歉方的JN记为JN01，被道歉方记为JN02。

【示例】

（汉语）

CN01：之前我不是求你帮我找兼职，然后我做了你导师的工作吗？——导入话题

CN02：对，我上次还跟导师说了挺久的。

CN01：我最近又看到了另一个招聘的，那个工资还挺高的。——状况说明

CN02：嗯，所以呢？所以是？

CN01：所以我在想要不要换个工作，就给那边投了简历。——陈述不快行为

（日语）

JN01：全然今のバイトは楽しいんだけど、なんかそのバイ、新しいバイト、新しく応募しようと思っているバイト先も家からすごい近、今よりも近い所にあって、すごい通いやすいし、自分の条件にぴったりなんだよね。——说明理由

JN01：なんかせっかく紹介してもらったのに申し訳ないんだけど……——直接道歉

JN02：えー、でもあの、あたしが紹介した人おるやん。なんかすごい、すごい頼んだ、んよね、私。

……

如上所示，在汉语会话示例中依次出现了导入话题、状况说明、陈述不快行为等表述连锁链；在日语会话示例中依次出现了说明理由和直接道歉等表述连锁链。

分析收集的语料，我们发现构成汉日道歉会话的表述连锁链存在差异。对此，本文依据表3对各表述连锁链在汉日语料中的出现次数进行统计，并使用卡方分析检验每一表述连锁链下汉日是否存在显著性差异。结果如表4所示。

表4　汉日道歉会话中的表述连锁链次数及差异检验

表述连锁链	汉语道歉会话中的出现次数(%)	日语道歉会话中的出现次数(%)	有无显著差异
引起注意	15(93.75%)	9(56.25%)	有(P值=0.014<0.05)
开场寒暄	0	5(31.25%)	有(P值=0.015<0.05)
导入话题	15(93.75%)	14(87.5%)	无(P值=0.544>0.05)
状况说明	9(56.25%)	15(93.75%)	有(P值=0.014<0.05)
陈述不快行为	16(100%)	13(81.25%)	无(P值=0.069>0.05)
承认过错	9(56.25%)	9(56.25%)	无(P值=1.000>0.05)
道歉表达	10(62.5%)	12(75%)	无(P值=0.446>0.05)
说明理由	13(81.25%)	15(93.75%)	无(P值=0.285>0.05)
询问意见	4(25%)	10(62.5%)	有(P值=0.033<0.05)
表示内疚	2(12.5%)	8(50%)	有(P值=0.022<0.05)
强调理由	6(37.5%)	7(43.75%)	无(P值=0.719>0.05)
追加理由	3(18.75%)	5(31.25%)	无(P值=0.414>0.05)
弱化责任	7(43.75%)	4(25%)	无(P值=0.264>0.05)
再次道歉	7(43.75%)	10(62.5%)	无(P值=0.288>0.05)
提出方案	15(93.75%)	7(43.75%)	有(P值=0.002<0.05)

（续表）

表述连锁链	汉语道歉会话中的出现次数（%）	日语道歉会话中的出现次数（%）	有无显著差异
追加方案	9（56.25%）	0	有（P值=0.002<0.05）
三次道歉	4（25%）	9（56.25%）	无（P值=0.072>0.05）
接受提议	1（6.25%）	6（37.5%）	有（P值=0.033<0.05）
表示感谢	6（37.5%）	5（31.25%）	无（P值=0.710>0.05）
提出补偿	3（18.75%）	2（12.5%）	无（P值=0.626>0.05）
结尾寒暄	0	4（25%）	有（P值=0.033<0.05）
结束会话	8（50%）	8（50%）	无（P值=1.000>0.05）

由上表可知，“承认过错”及“结束会话”两个表述连锁链出现次数相同，汉日几乎不存在差异；同时，“导入话题”“陈述不快行为”“道歉表达”“说明理由”“强调理由”“追加理由”“弱化责任”“再次道歉”“三次道歉”“表示感谢”及“提出补偿”等表述连锁链的检验结果P值均大于0.05，即在汉日道歉行为中不存在显著性差异；而“引起注意”“开场寒暄”“状况说明”“询问意见”“表示内疚”“提出方案”等表述连锁链的检验结果P值均小于0.05，可见在汉日道歉行为中存在显著性差异。且其中“开场寒暄”及“结尾寒暄”等表述连锁链仅在日语道歉会话中出现；而“追加方案”则仅在汉语道歉会话中出现。由此可见在表述连锁链模式上，汉日存在着较大差异。

通过分析，我们发现，存在显著差异的9个表述连锁链中，“引起注意”“提出方案”及“追加方案”此3个项目在汉语对话中的出现次数均远高于日语。

在CN对话中，“引起注意”的出现频率为93.75%，在JN对话中的出现频率为56.25%，均构成基本态。日语母语者虽也通过「あのさ」等方式引起对方注意，但他们亦选择通过寒暄等话语展开会话；而比起寒暄语，汉语母语者通常只使用“称呼”等方式引起对方注意。由于汉语中的寒暄语并不像日语般具有程式化的特点，而多为根据实际情况表现的非定型表达（何，2004）。如下例（1）所示，其中CN03为道歉者，CN04为被道歉者。

（1）CN03：[C2的名字]，我跟你讲件事儿。——引起注意
CN04：嗯，你说。
CN03：之前我不是求你帮我找兼职，然后我做了你导师的工作吗？——导入话题
CN04：对，我上次还跟导师说了挺久的。

在CN对话中，“提出方案”和“追加方案”的出现频率分别为93.75%和56.25%，均构成基本态；而在JN对话中的出现频率分别为43.75%和0，均不构成基本态。由此可见，比起在会话中更多地表达歉意、弱化攻击或委婉表达等方式，汉语母语者更倾向于通过提出解决方

案及追加方案，即通过对事件本身的弥补与解决来减低对对方面子的侵害程度。比起日语母语者对他人心情的考虑，汉语母语者则更倾向于认为提出解决方案是道歉者应当表现的道歉诚意或应当承担的责任。这可认为是由于中国人在礼仪面子方面具有“重行为、轻言语”的习惯(陸慶和，2001:102)。对于重视解决实际问题的、极具现实性的中国人而言，不提出解决方法的道歉可视同不曾道歉(高橋優子，2012:5)。如下例(2)所示，其中CN03为道歉者，CN04为被道歉者。

(2)CN03:是的，对不起。——道歉表达

CN03:这样，我想的是我可以就是在这之前，或者是……或者是在找到下一个人之前我都可以先再帮这边、先再帮你导师再继续做的这个事情。但是，这……我期间的话，然后我就想再找一找还有没有其他可以做的人。——提出方案

CN04:现在的问题是，如果，我说假如啊，你找不到合适的人你打算怎么办呢?

CN03:到时候，我、我觉得我可以去跟导师说这个事儿。——追加方案

存在显著差异的9个表述连锁链中，“开场寒暄”“状况说明”“询问意见”“表示内疚”“接受提议”及“结尾寒暄”6个项目在日语会话中的出现次数均远高于汉语。

在CN对话中，“开场寒暄”和“结尾寒暄”的出现频率皆为0；而在JN对话中，“开场寒暄”的出现频率为31.25%，“结尾寒暄”的出现频率为20%。可见比起汉语母语者，日语母语者更倾向于在道歉会话的开头及结尾使用寒暄话语。由于道歉是侵犯对方利益、破坏交际情感的行为，对于重视和谐的日本人而言，在会话开头及结尾使用寒暄用语能够更加委婉地表述道歉内容，同时通过规范化、程式化的寒暄语，我们也能管窥日本人严谨的一面。此外，在CN对话中，“状况说明”的出现频率为56.25%，而在JN对话中的出现频率为93.75%，都构成了道歉行为的基本态。而由例句可知，比起汉语母语者对不快行为的直接陈述，日语母语者更倾向于在说明状况后再陈述不快行为，同样起到委婉、铺垫的作用，道歉者通过状况说明试图弱化自身攻击，并降低对对方面子的侵害程度。如下例(3)所示(其中JN03为道歉者，JN04为被道歉者)。

(3)JN03:あー、なんか、久しぶり。——开场寒暄

JN04:久しぶりだね。

JN03:だね。うん、なんか、あのさ(うん)、ちょ、ちょっと、今日は(うん)、は、話があって(うんうんうん)、呼んだんだけど。

JN04:うん、なになに?

JN03:ちょっとバイトのことで(うん)、相談があって。——导入话题

JN03:紹介してもらったやつで、そんで、私から言ってもらって、なん、なんだけど(うん)、今日ちょっと新聞で(うん)、私んちから近くって(うん)時給

も今の所よりも早い[言い間違いと思われる](うん)、バイトを見付けて(うん)、そこに……

——状况说明

……(中略)

JN04:そうだね(うん)、じゃ、とりあえずうん(うん)言ってもみる、うん。

JN03:ごめんなさい、宜しくお願いします。——结尾寒暄

JN04:はい、分かりました。

在CN对话中,“询问意见”的出现频率为25%,未构成基本态;而在JN对话中的出现频率为62.5%,构成基本态。可见比起汉语母语者,日语母语者在道歉时更常使用“询问意见”这一表述连锁链,道歉者比起自身更注重对方的想法及意见,也可视为对对方心情的考虑与关照。也由于此,我们能够发现日语母语者更多是“接受提议”的一方,即在道歉会话中,通常由被道歉者提出该事件的解决方法或主张,而道歉者更倾向于接受对方的提议。如下例(4)所示(其中JN05为道歉者,JN06为被道歉者)。

(4)JN05:どうしようと思う? ——询问意见

JN06:なんかその、ばっくれたりしないで普通に(うんうん)ちゃんと話してちゃんとまあ、その前もって1ヶ月前とかに(うん)ちゃんと言って辞めれば大丈夫だと思うんだけどね、多分。

JN05:あーそうかな、うんうん。——接受提议

在CN对话中,“表示内疚”的出现频率为12.5%,未构成基本态;而在JN对话中的出现频率为50%,构成基本态。日语母语者比汉语母语者更多地通过肯定对方及自我谴责来表示自身的愧疚之情,与多次道歉共同使用,起到强调歉意的作用,试图弥补因道歉行为所造成的人际关系损害。如下例(5)所示(其中JN05为道歉者,JN06为被道歉者)。

(5)JN05:うんー、全然そんな、無理に言ってもらって、雇ってもらってるのは、承知で、すごい、うんー…… ——表示内疚

JN06:うん、でも本当に勝手に辞められるよりはいいから。

基于上述分析,我们不难发现,汉语中比起语言更重视行动上的弥补,借以修复受损的人际关系;而日语在道歉行为中具有更加委婉、道歉表达更频繁、更照顾对方心情等特征。频繁使用直接的道歉表达、更多地表示内疚、更早承认过错及固定化、程式化的寒暄语皆体现了日本人强烈的集团归属心理与“以和为贵”的文化思想。同时,对别人给予自己的好处表示感谢,或对自己给别人添的麻烦表示歉意与日本人的受恩心理紧密相关。

而比起使用直接道歉表达内疚与悔过之情，中国人更习惯使用间接道歉来表达自身歉意，往往带有弥补性色彩，通过提供方案与实际行为等方式补偿对方的损失，减弱自身攻击性。

3.2　道歉行为的“基本态”认定

宇佐美(2006)提出，请求行为的基本态因语言文化的不同而存在差异。道歉行为也如此。本文依据宇佐美(2008)提出的使用频率超过50%的项目为“基本态”的方法，将表4中出现频次大于等于50%的表述连锁链分别认定为汉日道歉行为的“基本态”，结果如图1所示。

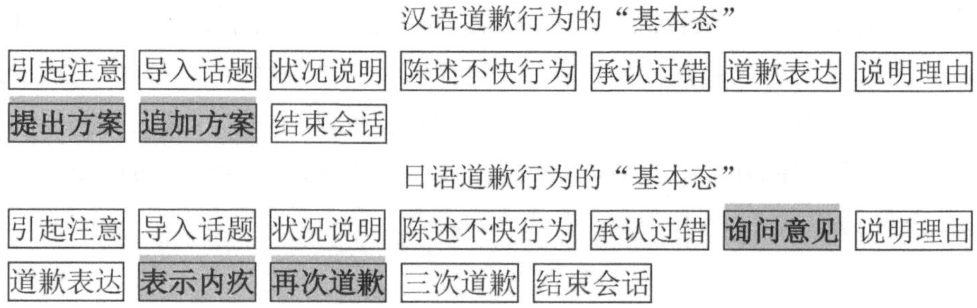

图1　汉日语道歉行为的“基本态”

由图1可知，汉语女性友人间道歉行为的“基本态”中具有10个表述连锁链，而日语女性友人间道歉行为的“基本态”中则有12个表述连锁链；且在汉语道歉行为的“基本态”中具有“提出方案”“追加方案”等日语道歉行为的“基本态”中没有的项目过程，反之，在日语道歉行为的“基本态” 中也具有“询问意见”“表示内疚”“再次道歉”等汉语“基本态”中所没有的项目过程。可见汉日女性友人间道歉行为的“基本态”存在一定差异。

据此，在实际的跨文化交际中，我们需要把握中日双方道歉行为的“基本态”以推动对话的顺畅进行。依据 DP 理论，若在日语的道歉语境中缺少“询问意见”“表示内疚”或“再次道歉”等表述连锁链，则将造成说话人的期待值(Se)小于听话人的期待值(He)的结果，即 De 值处于－1至－a 的区间内，产生“过小行为”，最终造成“负的礼貌效果”；反之，若在汉语的道歉行为中缺少“提出方案”“追加方案”等表述连锁链，亦将产生“过小行为”，从而造成“负的礼貌效果”，也将因此无法持续良好的跨文化沟通。

4. 结语

本文主要依据 DP 理论，对自然会话语料进行分析，对比了中日女性友人间道歉行为中的表述连锁链模式和基本态，发现汉日两语在这两个方面均存在较大差异，如日语女性友人间道歉行为的基本态中缺少“提出方案”等项目，而汉语女性友人间道歉行为的基本态中缺少“询问意见”等项目。而这些差异易造成中日跨文化交流时的误解或矛盾，因此对它们的正确认识能够促进中日双方的顺畅交际。

道歉行为涉及多种场合,不同场景、不同语境下的道歉行为可能存在差异。此外,不同性别、年龄或来自不同地域的人们,其道歉行为的基本态也可能不同。本文所使用的道歉会话语料只涉及一种模拟情景,所收集的语料数量也不甚丰富。今后笔者将增加语料数量和类别,并综合考虑性别、年龄、地域等因素,进一步推进相关研究。

注释

①原文为"話し手のあやまちや相手への被害等への責任を認め、許しをこい、それによって相手との人間関係における均衡を回復する行為",中文为笔者试译。

②原文为日语,中文为笔者试译。

③关于 DP 理论的十个关键概念可详见毋育新(2020:98)。

④部分表述连锁链项目在汉语或汉日语语料中并未出现,以符号"/"表示"无"。

参考文献

[1] Brown, P and Levinson, S. *Politeness: Some universals in language usage*. [M]. Cambridge: Cambridge University Press,1987.

[2] 宇佐美まゆみ.談話レベルから見た "Politeness":"Politeness theory"の普遍理論確立のために[J].ことば,1993(4):20-29.

[3] 宇佐美まゆみ.ポライトネス理論の展開:ディスコース·ポライトネスという捉え方[J].日本語研究教育年報,1998(1):147-161.

[4] 宇佐美まゆみ.談話のポライトネス——ポライトネスの談話理論構想[J].『談話のポライトネス』(第7回国立国語研究所国際シンポジウム報告書),2001(7): 9-58.

[5] 宇佐美まゆみ.準自然場面における「誘い行動」の日韓比較——ディスコース·ポライトネス理論の観点から[J].日本研究,2006(1):47-72.

[6] 宇佐美まゆみ.ポライトネス理論研究のフロンティア——ポライトネス理論研究の課題とディスコース·ポライトネス理論[J].社会言語科学,2008(1):4-22.

[7] 宇佐美まゆみ.21世纪礼貌现象研究的可能性——话语礼貌理论的新发展[J].李瑶,译.日语学习与研究,2019 (5):23-24.

[8] 宇佐美まゆみ.基本的な文字化の原則(Basic TranscriPtion System for JaPanese:BTSJ) [R].httPs://ninjal-usamilab.info/lab/wP-content/uPloads/2020/01/BTSJ2019.Pdf[OL].2019改訂版.

[9] 柏木厚子.映画·テレビドラマにみる日米謝罪表現の差異——オリジナル言語版および吹き替え版の分析から[J]. 學苑,2015(1):11-25.

[10] 熊谷智子.研究対象としての謝罪——いくつかの切り口について[J] 日本語学, 1993(1):4-12.

[11] 辛昭静,石崎雅人,三浦純一.医療面接における謝罪表現に対する患者と医師の認識(＜特集＞ウエルフェア·リングイスティクスにつながる実践的言語·コミュニケーション研究) [J].社会言語科学,2013(1):65-79.

[12] 高橋優子. これまでの日中の「謝罪」表現研究の問題点と今後の課題[J].文化外国語専門学校紀要,2012(1):1-8.

[13] 趙翻.日本語と中国語における謝罪表現の対照研究:家族と親友間の異なりに注目して[J].東洋大学大学院紀要,2012,49 (1):98-124.

[14] 中田智子.発話行為としての陳謝と感謝——日英比較[J].日本語教育,1989,68 (2):191-203.

[15] 三宅和子.『詫び』以外で使われる詫び表現——その多様化の実態とウチ·ソト·ヨソの関係[J].日本語教育,1994,82 (2):134-146.

[16] 山本もと子.社会的相互行為としての謝罪表現——言語表現選択の背景には何があるのか[J].信州大学留学生センター紀要,1986(5):19-31.

[17] 陸慶和.「ことば·表現習慣·真意伝達」「呼称·わびる文化·消費観念」[M] 西宮:関西学院大学出版会,2001.

[18] 黎秋虹.ビジネスメールにおける日本語の対人配慮の示し方——謝罪表現とその意識を中心にして[J].昭和女子大学大学院　言語教育·コミュニケーション研究,2015(1):61-76.

[19] 李竺楠.家庭内における日中の謝罪言語行動:ホームドラマの謝罪談話の分析[J].地域政策科学研究,2018(1):117-140.

[20] 何刚.文化设定与语言行为——语用方式的文化解释[J].外语研究,2004 (5):27-28.

[21] 梁艳.关于中国日语学习者道歉用语的习得研究[D].长沙:湖南师范大学,2011.

[22] 单文垠.对日语道歉行为策略类型的考察[J].日语学习与研究,2009 (6):109-115.

[23] 苏娜.道歉表达方式的中日对比研究——以电视剧的考察为对象[D].大连:辽宁师范大学,2009.

[24] 毋育新.话语礼貌理论在中国的研究现状及展望[J].汉日语言对比研究论丛,2020 (1):91-111.

[25] 张潇尹,熊红芝.话语礼貌理论视角下的中日"请求—拒绝"行为对比研究[J].浙江外国语学院学报,2017(1):54-64.

作者信息

姓名:余颖

性别:女

单位:浙江师范大学

研究方向:日语语言学

电子邮箱:1045336066@qq.com

The study of apology behavior between Chinese and Japanese female friends based on Discourse Politeness Theory

Zhejiang Normal University　　Yu Ying

Abstract: Based on the theory of politeness of discourse proposed by Usami, this study uses the BTSJ corpus and the natural apology session collected by the author to analyze the Han-Japanese apology conversation from the discourse level and compare the differences in chain patterns and basic states of apology behavior expression between the two sides. After identifying the "basic state" of apology behavior, we found that there are 10 expression processes in the conversation of native Chinese speakers, such as "attract attention-import topic-description of the situation-state of unpleasant behavior-admit fault-direct apology-explain the reason-propose a plan-add a plan-end the conversation", while in the conversation of native Japanese speakers, there are "Get Noticed-Import Topics-Explanation of Status-Admit fault-State of unpleasant behavior-Direct apology-Explain reasons-Ask for opinions-Express guilt-Apologize again-Apologize three times-End the conversation" and other 12 expression processes.

Key words: Discourse Politeness Theory; Apology behavior; Expansion Mode; discourse default; Chinese and Japanese female friends

《日语教育与日本学》征稿启事

《日语教育与日本学》创办于2011年5月，是由中国日语教学研究会上海分会主办，华东理工大学出版社公开出版发行的日语教育与日本学研究学术出版物，一年两辑，已由中国知网收录。主要有【日语教育研究】【日语语言研究】【日本文学研究】【日本文化研究】【翻译研究】【汉日语言对比研究】【中日社会比较研究】【日本汉学研究】等栏目。

现面向国内外日语界征集稿件。欢迎各位同仁踊跃投稿！

投稿说明：

1. 来稿应具备一定学术水平，保证文章版权的独立性和学术的严谨性，符合本论文集的编写规范。严禁抄袭，文责自负。

2. 所投稿件请一律使用 Word 文件格式。标题字数应在20字之内。来稿字数请控制在8 000～10 000字。中文使用宋体，日文使用 MS Mincho，西文与阿拉伯数字使用 Times New Roman。来稿请注明作者姓名、单位、通信地址、邮编、联系电话及电子信箱。格式要求详见附件。

3. 稿件请用 E-mail 发至投稿专用邮箱：ryjyyrbx@163.com。

4. 本论文集参照国际惯例，严格实行同行专家匿名评审制度，根据评审意见决定录用与否。投稿稿件自发出之日（以电子邮件发送日为准）起，三个月内未收到本论文集的审稿意见或用稿通知，可自行处理。

5. 凡在本论文集发表的论文，均视为投稿者已经授权本论文集结集出版及以电子版形式发布，本论文集享有十年专有出版权。在此期间，任何媒体、出版物，如需转载、摘编本论文集发表的论文，均须同时获得本论文集授权。

《日语教育与日本学》编辑部

2023年7月

稿件编写规范

1. 文稿结构

文稿结构如下，请严格按照以下顺序编排相关内容。

a. 中文标题(副标题)、中文提要(250字左右)、中文关键词(3—5个)

b. 正文

c. 参考文献

d. 标题、副标题、摘要、关键词的英文译文

2. 正文格式

a. 正文章节标题或小标题各独占一行，用阿拉伯数字(从1开始)表示，形式为：1，1.1，1.2，2，2.1，2.2，……

b. 正文中的注释一律采用尾注；

c. 正文行文中非汉语姓氏一律使用外文原文；

d. 例句编号用(1)或(1a)的形式；

e. 重要术语如果首次在国内语言学期刊上出现，请随后附上外文原文；

f. 资助项目在论文首页以题注(脚注)的形式说明，请注明资助项目的编号。

3. 文内引用文献和文末参考文献格式要求

a. 文内夹注的文献信息放在括号内，作者名与年份之间加逗号，如(Langacker，1987:90)；三个作者的，第一次出现全部列出，第二次则用 et a1.，如(Kember et al.，2000)；三个以上作者的，全部用 et al.，如(Caselli et al.，1995)。

b. 文末参考文献部分不要包括文中没有引用到的文献，但应将引用到的文献全部列出，不要遗漏。

c. 文献类型的字母标识，M 为专著，C 为会议录，G 为汇编，N 为报纸，J 为期刊，D 为学位论文，R 为报告，CP 为计算机程序。网络文章的标识为 EB/OL，来自网络的文献必须标出网址、网页更新日期及引用日期。外文文献以作者姓氏的字母为序，书名不用斜体；中文文献以作者姓氏的汉语拼音为序。参考文献前要加序号，如[1][2][3]等。

d. 参考文献样例。

专著：

[1] 徐杰.普遍语法原则与汉语语法现象[M].北京：北京大学出版社，2001.

[2] 罗杰斯.西方文明史：问题与源头[M].潘慧霞，魏婧，杨艳，等译.大连：东北财经大学出版社，2011：15-16.

[3] 石綿敏雄.現代言語理論と格[M].東京：ひつじ書房，1999.

［4］Croft W. Radical Construction Grammar：Syntactic Theory in Typological Perspective［M］. Oxford：Oxford University Press，2009.

期刊中析出的文献：

［1］刘晓林.也谈"王冕死了父亲"的生成方式［J］.中国语文，2007(5)：440-443.

［2］井上和子.格助詞をめぐって［J］.月刊言語，1980(2).

［3］Dowty D R. Thematic proto-roles and argument selection ［J］. Language，1991(3)：547-619.

专著中析出的文献：

［1］白书农.植物开花研究［M］//李承森.植物科学进展.北京：高等教育出版社，1988:17.

［2］内田庆市.汉语的"无定名词主语句"［G］//大河内康宪.日本近现代汉语研究论文选.北京:北京语言学院出版社,1993.

［3］杉村泰.日本語の自動詞·他動詞·受身の選択—日韓中母語話者の比較—［M］//澤田治美，仁田義雄,山梨正明.場面と主体性·主観性.東京：ひつじ書房,2019：615-637.

［4］Deci E，Ryan R. A motivational approach to self：Integration in personality ［M］//Dienstbier R A，Jacobs J E. Perspectives on motivation. Lincoln：University of Nebraska Press，1991:237-288.

电子资源：

［1］萧钰.出版业信息化迈入快车道［EB/OL］.（2001-12-19）［2002-04-15］.http://www.creader.com/news/20011219/200112190019.html.

［2］中島恵. 中国の若者を惹き付ける「カリスマ日本語教師」の熱血人生［EB/OL］.（2018-05-25）［2019-05-23］.https://diamond.jp/articles/-/170891.

［3］Dublin core metadata element set：version 1.1［EB/OL］.（2012-06-14）［2014-06-11］.http://dublincore.org/documents/dces/.

4. 英文译文格式要求(标题、副标题、摘要、关键词)

Standards for Academic Articles of Japanese Studies:
Instructions and Samples for Submitting Articles for Japanese Studies and Research

***University　*(author's name)**

Abstract: The Abstract should be written in both English and Chinese, with the signature of the author. It is expected to be original and concise, which covers the main idea of the thesis.

Key words: About 3～5 words

作者须知

除严格按照本论文集体例整理全文外，还请注意以下几点。

1. 关于引文

引文必须核对准确！包括每一字词、起止标点、英文名词单复数等。数据必须核对、计算无误，包括行文中、图表内。

引文如是译文，一般默认为由引用者自己译出。如不是，则需有明确标示（如出自某部译著，或转引自某处）。

2. 关于夹注

引证尽量用第一手资料，尽量避免转引；引述他人观点，应用夹注注明出处，如（林璋，2010：36），如属归纳性观点无法确定页码，应注明章节号或起止页码；直接引文必须注明页码；页码必须核对无误；夹注中不得出现“同上”。

3. 关于注释

对标题的注释（如属于某一项目或致谢）用脚注，其余全部用尾注。注释中凡属提供文献出处的，都归入参考文献。

4. 关于参考文献

凡文中提到的、引述的文献，都必须列入参考文献。反过来，参考文献只列出文中提到的、引述的文献。

参考文献必须信息完整，并经仔细核对，确保准确无误。在各项信息中请特别注意：区分英文作者的姓和名（按姓排序），提供完整的书名、篇名，核对出版地点（即出版机构所在地）、出版时间、期刊的期号等。

5. 其他

须提供作者信息（中文）、文章标题和摘要。

必须保证不出现一稿多投、重复发表（如已收入论文集或专著并已出版后再次投出）等行为。

《日语教育与日本学》编辑委员会
2023年

《日语教育与日本学(第19辑)》勘误表

页	行	误	正	附注
143		东京都立大学	韶关学院	
145	图3 送气清辅音[th]的 Praat 语图			与图4的图交换
145	图4 不送气清辅音[t]的 Praat 语图			与图3的图交换
147	图5 日语「合併」的 Praat 语图			与图6的图交换
147	图6 粤语“合并”的 Praat 语图			与图5的图交换
150	图9 日语和粤语的闭锁持阻时长			与图10的图交换
150	图10 日语和粤语的汉语词时长			与图9的图交换